[經典]
HUMANITY
[人文]

幸福路上

Road to serenity

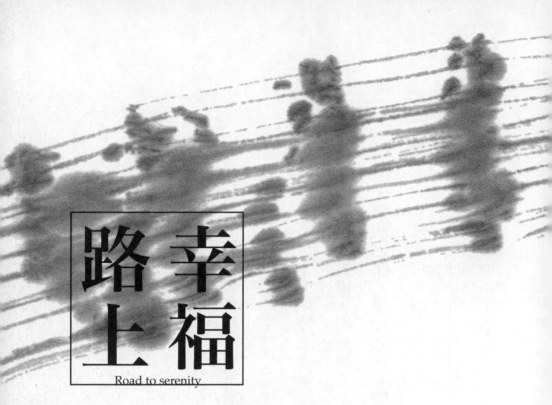

推薦序

飄洋過海的善念

◎簡守信

在大林慈濟醫院服務時，經常邀約醫護人員與社區慈濟人一同下鄉義診、往診，關懷貧病無依的鄉親。

後來科內來了一位年輕主治醫師許宏達，個性開朗隨和，不但在院內結下好人緣，與慈濟志工及鄉親病人也毫無隔閡，用心於臨床業務之餘，還十分熱心參與往診等服務，並且帶著一對幼小的女兒同行。

那些乏人聞問的暗角裡，有長年臥床而身軀變形的傷患、有照護不當而潰爛腐臭的大傷口，許醫師總是一踏進門就自然而然地靠近他們身邊，發揮專業膚病療傷，還會主動幫阿公、阿嬤剪腳趾甲。孩子耳濡目染之下，對於長輩都能無分別心地關懷互動。

一回走在醫院開刀房的走廊上，看見房間裡的他正彎著腰，與躺在手術檯上的小病人親切談笑，直到麻醉藥物發揮作用，小朋友沉沉睡去後，才接著進行醫療作業。這位外科醫師的舉手投足自然流露出那分對人的體貼與疼惜，令在旁的人看了都溫暖與難忘。

進一步熟悉後得知，原來許醫師從小隨長輩移居南非，在完成醫學教育後，就隨著當地慈濟人的腳步走入孤兒院、老人院，照顧貧窮弱勢族群與當地華人的健康。年紀輕輕就受到慈濟人的行儀薰陶，自然而然形塑他親近人群的特質。

南非與臺灣相隔一萬多公里，但志工深耕當地的用心與投入，與臺灣慈濟人無異；在資源缺乏、人力單薄、語言隔閡的條件下付出，精神更令人感佩。志業開展之初想必萬分艱辛，而說起南非慈濟因緣，就不能不提到黃丁霖師兄。

南非曾因實施種族隔離政策而族群對立，八〇年代末到九〇之初社會劇烈動盪，外資企業紛紛撤出南非。但黃師兄等人謹遵證嚴法師的勉勵，取之於當地、用之於當地，回過頭來結合當地臺商的力量，成立慈濟據點，用愛心照顧當地人，成為祥和南非社會的實質力量。

在多位華人志工的帶動下，如今非洲多國大地湧現粒粒飽滿的「黑珍珠」，多數本土志工不曾來臺灣，但他們珍惜慈濟因緣，信念堅定，即使自身窮困也能積極行善付出，在貧瘠的環境中，長成枝繁葉茂的大菩提林。他們的虔誠精進，是身在富裕安逸國度的我們的學習典範。

從南非、英國到上海，丁霖師兄的足跡到哪，就將慈濟種子播往當地，他是個成功的實業家，更是勤耕心田的人間菩薩，帶動臺商與當地人回饋社會。他也熱心僑界事務，照顧旅外華人，遇到急難事故，更不畏路遙即時趕赴需要的地方，發揮膚慰身心的力量，這分精神令人感動。

欣見丁霖師兄將豐富的人生閱歷化爲文字，集結成書，在《幸福路上》中，聽見的不只是老黃說古今中外的故事，更能在他的一念之間感受慈悲與智慧，讓人看見眞，發現善，體會至美的人間溫情。

（本文作者為臺中慈濟醫院院長）

推薦序

他鄉遇故知，暖流縈心田

◎林志哲

二〇〇五年，從長庚醫院申請到補助前往英國留學，帶著三個幼子來到倫敦。雖然之前已出國多次，但長期求學生活不比旅遊，剛來到這陌生地方一切從頭開始，面對課業壓力、語言障礙、文化差異所帶來的生活壓力，不得不四處打聽協助契機。經友人介紹結識本書作者黃丁霖師兄，當時對他第一印象，是個爲人親切、善於交談的長者，不時鼓勵爲後進加油打氣，讓我安心學習；尤其聽他說起遠赴非洲、歐洲的人生經歷，更是啓蒙我思想改變的榜樣。

黃師兄當時是英國慈濟負責人，經常邀我在課餘時間到慈濟當志工，到華人社區敬老院做義診及對社區會衆健康講座等活動。每當活動結束，他總會爲我準備晚餐，他鄉遇故知，一股暖流不時縈繞在心頭直到今天，感謝他給我布施及廣結善緣的機會。

有幸受邀書寫推薦文，知道他從過去在南非、英國等地，一方面從事生意一方面做慈濟志工，他的個人信仰與工作嚴守分際，在在値得學習。本書《幸福路上》恰如其分地展現他的精闢智慧，以致力慈濟慈善志業與海外打拚事業三十年的見聞，經歷人生不同轉折，也見證宇宙生命的無常觀。

此書涉及人生觀、宇宙觀，以至最終每個人如何用心認識自己、建立信心，重新定位個人的生命價值觀。書中述及上百例古今事跡，世事軌跡驟然間發生不可思議變化，提醒世人跳脫個人意識心態，從而不再執著、不爲欲念困惑，在人際之間取得平衡。人生如此平凡，生活本就可以過得幸福美滿。

離開倫敦轉至匹茲堡完成學業，回國行醫及從事醫療行政工作彈指十餘年，對人生亦有不同領會，對本書所言心有戚戚焉，相信也能帶給讀者面對人生困境的指引。

（本文作者為高雄長庚醫院外科部主任）

推薦序

得法傳法不亦悅乎

◎黃華德

拜讀丁師兄之新著，非常感佩，文筆深入淺出，讓人讀起來非常喜悅，又能適時舉例，書中有法讓讀者印象深刻，受益良多。

丁霖兄是一位不斷精進的修行友人。記得二十多年前，在倫敦他就送我含有深意、帶有祝福及期許的二字「放下」，當時我想他是看我忙忙碌碌，靜不下來，一味地在追求事業獲利及發展，而忙得不亦「盲」乎！當時的放下，應該是叫我緩一緩，不要那麼衝，雖也是心靈上的緩和，但主要還是針對事業上的心態。

之後，「放下」二字就不僅僅針對事業上的心態了，更是在面對所有人、事、物時，不論是順境、逆境，心靈上都能自在泰然，也就是能面對它、處理它、放下它。痛苦緣生於欲望，欲望愈大痛苦愈多，如何減少欲望才是眞功夫；這必須體悟自然法則的道理，身有生、老、病、死，心有苦、集、滅、道，物有成、住、壞、空，最終皆是「空」，因此把握當下才是眞道理。

這也是恩師證嚴法師的開示。想想自己，有時當下聽了師父的開示，經過了幾年，才在實務的感受中體會出來，體悟的當下，不禁感到法喜充滿。

丁霖兄現在的自在，令人羨慕感佩；他進一步將感受心得分享出來，更是「得法傳法不亦悅乎！」

書中提到，「人心的貪、瞋、癡，造成社會不安，需以戒、定、慧來消除，守成則不欲，不欲則不貪；瞋怒者多動，定則不動，不動則不生怒；呆癡者愚，慧則不愚，不愚則不生癡。」精闢點出人性的盲點，並示以改善之道。

末學受命寫序，誠惶誠恐，作者的誠意又不敢推辭，謹將對此書的感受誠表一二。在此，誠摯地祝福更多的讀者能與本書及作者結此因緣，好書大家推薦享讀，也是功德一件。

（本文作者為中華民國紡織業拓展會副董事長、大愛感恩科技股份有限公司董事長、德式馬企業股份有限公司董事長）

推薦序

人有善願，天必從之

◎邱曜山

黃丁霖師兄是典型落實證嚴法師「佛法生活化，菩薩人間化」的靜思弟子，將布施、持戒、忍辱、精進、禪定、般若六度的智慧，力行在人生旅途中。

從一九八三年遠赴南非創業，近三十年間，他跨越臺灣、南非、英國、美國再回到亞洲。如今旅居上海，成立佛學研究中心，以正知、正見、正覺的清淨心，一步一腳印，步步踏實分享佛法，承續證嚴法師的悲願，秉持印順導師「為佛教，為眾生」為職志。

用心閱讀了丁霖師兄的《正直路》及新作《幸福路上》，衷心讚歎所謂「菩薩遊戲人間」，深入淺出道出因緣果報的道理。在他近三十年的遊化，篳路藍縷，在異地開創了志工之路。他曾是慈濟在南非的第一任負責人及英國的第二任負責人，並在不同國度推動慈濟志業；後又淡然展開遊化的職志，一切演化呈現了一切因緣生、因緣滅，走過了就放下的眞空妙有。把握每一個當下，前腳走、後腳放，造就了南非、英倫慈濟志業的濫觴。

證嚴法師一再告誡我們：「佛法是教育，是生活。」儒家、道家理念的「有所爲、有所不爲」及「無爲」，一切都在丁霖師兄遊化旅程中不斷呈現。

「慈悲是宇宙生生不息的祕密，心存善念就會有不同結局。」書中將愛（清淨無染的愛）與善（付出無所求）的因果關係，呈現得淋漓盡致，人、事、物的刻畫，讓人有如身歷其境，如同與他遊遍了娑婆世界。

丁霖師兄「說他所做，做他所說」，盡心盡力，爲了達到證嚴法師「人心淨化，社會祥和，天下無災難」的目標而努力。

此書值得讀者們咀嚼細讀，可以品味丁霖師兄在事業、志業上的「心寬念純」及他「出生入死」的因果對應。所謂「人有善願，天必從之」，這是他分享如何將善法散播在人間，承載了所行菩薩道的足跡，也是慈濟文史上，舉足輕重的另一篇章。

（本文作者為良友國際食品公司董事長、溢霖貿易股份有限公司執行長、慈濟北區榮董聯誼會召集人）

自序　人生本無事，自在免是非

人有眼、耳、鼻、舌、身、意等感官形式，具有六種不同作用，是製造是非根源，故聖賢視之為人心汙染起源。

美國視障作家海倫．凱勒曾說：「我要把別人看到的當成我的太陽，別人聽到的當成我的樂曲，別人嘴角的微笑看作我的快樂。」每個人如果能把別人的事都看成是自己的事，做到誠意又簡單，即使有事，最終也能大事化小而至平安無事。

誠如慈濟證嚴法師「靜思語」所云：「對的事，做就對了！」此中強調「對的事」，天下本就沒有什麼了不起的大事，只是一些見解偏差、意識淺陋的人，自己擾亂心思，遇事生非、見人生疑，自尋煩惱而已。

一切人、事、物本來簡單，行事當中若有不如意，這是因爲人的分別、妄想，偏執的心態所造成。因此聖賢說：「諸相無礙衆生，實著相心障礙衆生。」

人生世事，猶如莎士比亞在《哈姆雷特》當中的一句名言：「世間事無好壞，全爲思想使然。」（There is nothing either good or bad,but thinking makes it so.）改編自莎翁名劇《馬克白》的舞臺劇《欲望城國》，我們可以看到悲劇的主角，或因思緒混亂，或因沒有根據的讒言，自我推波助瀾受苦束縛，最終踏向血腥路遭致覆滅。

世界上的事情沒有好壞之分，某些事只要想法改變，一生因此翻轉成爲好結局。

古往今來社會發生事件不斷，人生也在多變時局中屢次接受挑戰與應變。今以《幸福路上》問世，運用短句或偈文，簡要論述事、理二相，復以俗事名稱爲題要，闡述人情世事，人生遭遇艱難險阻過程；每篇文末，以筆者心得爲結語。

謹以眞實人事、寓言故事及古今哲人史跡，隨附筆者擔任志工點滴與讀者分享，期許人生路上未盡完美者不再覆轍，對若干史跡感悟而受益；未盡周延處，敬請讀者指教。

是幸！

黃丁霖 謹識

二〇一八年十二月

目錄

第二篇

談事情的始末面面觀

第三篇 談物質的生滅與存亡

第四篇

談大自然與精神生活

第五篇
談修養與人間幸福路 277

第六篇
總結心語 347

前言　成書因緣

二〇一七年春天，筆者回花蓮靜思精舍拜見證嚴法師暨常住師父，有幸與證嚴法師共進午齋。席間巧逢志業體同仁，王端正副總告訴筆者，所贈的書已看完；證嚴法師一旁聽見問起：「是不是寫有關盧安達的事啊？」其實副總提及的是筆者於二〇一六年出版的《正直路》一書。

回顧非洲盧國戰亂，已事隔二十四年之久，當年難民傷亡慘烈，顛沛流離、居無定所，證嚴法師始終秉持一念悲心，不忘災民受苦難，至今耿耿於懷。筆者受到悲心憫人所震撼，又曾參與該賑濟，心有所感，思想為弟子者如何回饋？

環視當前社會事態，人事複雜多變，自我對身心靈調適與感受，伺機將靈感轉化為文字，以個人觀點剖析事相與理相，發為省思，以饗世人。

心中有此念想，隨後請教副總多年寫作心得，他毫無保留地傾囊相助，特別囑咐多寫一些擔任慈濟志工的見聞與感悟。是出版此書的緣由。

溯至一九九二年，筆者在南非慈濟志業草創初期，遭逢當地與盧國相似的種族紛爭，在艱困環境裡經營志業困難重重，幾經波折與考驗，尤其偷盜搶劫屢見不鮮，常電話請示證嚴法師如何應對。證嚴法師總是慰勉慈示：「臺商在那裡腳踏人家的地，頭頂別人的天，取用當地資源，應該回饋當地。」眼下有臺商被搶或傷害時，計畫逃離當地，證嚴法師即言：「那是業，到哪裡一樣都是業。」意謂學佛者，應當接受考驗，發心以善轉惡，改寫生命！

人生歲月何其短暫，世間事詭變多端，這些無不是因人心受萬花世界塵垢所覆蓋，迷失清純本性。本書敘述不過是將古今以來，在人間、時間、空間之間，隨處可見可聞的茶餘飯後平凡事，重新來一番領會，或有新解以待讀者指教。

有幸與讀者分享過往一切，以平常心、歡喜心看淡箇中每一事態，順境來臨處之以淡，逆境以忍處變；自我寬心，放下一切不如意想，找到人圓、理圓、事圓方案。人生遭遇，不同感悟無它，在於當事者剎那間「心念」而已。

—第一篇—

談人類的思想與行為

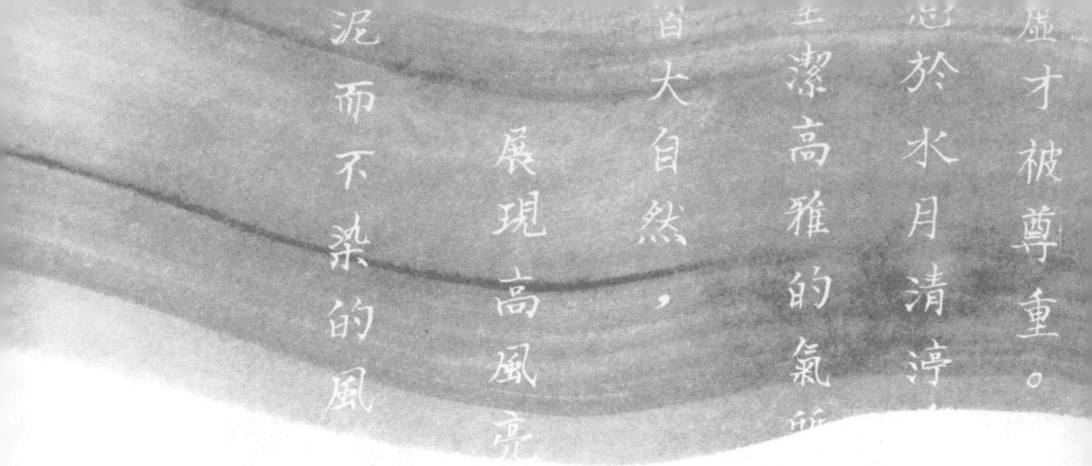

子曰：「弟子入則孝，出則弟，謹而信，汎愛眾，而親仁；行有餘力，則以學文。」

證嚴法師說：「要轉凡夫心，就要把是非當教育，不要把人事當是非。」

丁霖的話：「人的思想與行為成正向，思想充滿正能量，道德規範必嚴謹。」

日常生活中，與我們最親近的是父母和兄弟姊妹，逐漸擴及朋友知己及大眾，如何與他們相親相愛相扶持？小至個人，大至天下一家親，少一分怨言、多一分關懷，多一分信任、少一分猜忌，便能達到人心淨化、社會祥和、天下無災無難的願望。學習相信別人，從大愛心、歡喜心、感恩心做起。

世間事由人與人之間、時間、空間交互衍生。

把握時間就是珍惜生命，生命在呼吸之間，難忍能忍、難行能行，當下成就人格，人格是成就事業的基石；把握每個當下，放下妄念無事不成，對內嚴己、對外寬人，集腋成裘，積累正能量成就豐功偉業。

行為是力量的表現，力量來自信念，正信念出自端正思想；一個人做一件完美的事皆出自理念正確，然後下定目標。從確定目標直到達標，其過程歷盡挑戰與艱辛，必經忍辱負重還需精進勤奮。因為正念必經得起嚴格考驗，再接再厲不離正軌，一切如願求得圓滿無瑕。

第一章 生活

活動能保持身體健康，生活有苦、樂、苦樂參半、常樂，幸福與否由自己感受。

窮出不同高度

一個出生在法國農家的小孩，因家境清苦居無定所，不得已到處遷徙，找到居所後，他開始學習作畫。

由於天生熱愛農村，他將農人生活以畫像記錄下來。爲了得到靈感，他四處考察，體會到農村裡要維持起碼的生活實屬不易，尤其當時階級社會，有錢有勢者對待底下佃農猶如奴隸一般。

此後二十餘年，他堅持上午務農、下午作畫。從他的代表作中，反映出農民生活艱困與深厚樸實的面貌，以畫作讚揚農民勤奮善良的美德，體現頑強的生命力。

米勒的成名畫「拾穗」，以大地陽光做背景，三位農婦穿著簡樸，低頭彎腰，蹣跚前行撿拾麥穗，雖然是爲了不挨餓，但不卑不亢的身影令人感動；遠處騎著駿馬、頭戴高帽的管家，揮起馬鞭傲氣凌人，地主堆積如山的穀倉，反襯階級社會貧富不均，老百姓謀求生活的艱難。

當今社會，不論東西方都仍存在生活懸殊的現象，人們離鄉背井、遷徙流離，渴望追求美好幸福的生活。如此企求雖然不易，若能轉化心念，也能活出不同高度。

自在心語

生病、失意、失戀、失業，失去想要的是苦。得財、得獎、得意、得名利，得到想擁有的是樂。忽得忽失不苦不樂，喜憂參半。生活在知苦樂道中，才是真正常樂。人活著，是為有意義生命繼續前行，伺機自我提升，把握求生機會，過好每日生活。

第二章

事業

事業表現有承擔、負責、目標及永續經營，確定目標不懈怠，實現美好的人生價值觀。

彌補缺角的親情

一九九二年的春天，地處非洲南端，正是晴空萬里宜人的好時分；一行三人從南非中部約翰尼斯堡摸黑驅車南下，於上午抵達德本港，參與該地區首次舉辦的慈濟活動。

當時文宣資料闕如，僅有臺灣空運來的幾本《慈濟》月刊與《道侶》半月刊，在來自臺灣的鄉親間相互傳閱。

突然，一對夫婦下跪嚎啕大哭，驚動在場衆人。原來在期刊其中一個畫面中，有臺灣慈濟人至教養院關懷，一位師姊手中抱著一個小女孩，正是這對夫婦的腦性痲痹孩子。

這對夫婦因爲近親結婚，接連生出三個智能不足的孩子。那時有南非臺商來臺招募員工，他們把女兒送至臺北某處教養院，就此遠走他鄉。

如是因緣，如是果；正當夫婦倆事業有成，開始接觸慈濟欲加入行善行列，不料留在臺灣的女兒，已先受到慈濟溫情的庇蔭。

一張普通的紙，讓這對千山萬水之外的遊子及時覺悟；彌補缺角的骨肉親情，重回故鄉團聚，夫婦倆如今皆已受證慈濟志工，兼顧事業、家業與志業。

自在心語

人人須有一份安定的工作，可以養家安定生活；事不分尊卑，正當就好；工資不分高低，夠用就好。哪怕是微薄酬勞或家庭成員身心有缺陷，都能用愛用心陪伴，這就是具有意義的好事業。

第三章 友情

以互信、尊重、疼惜、相助培養情分，彼此是一種無條件、不求回報的關係。

眞誠遍滿彩虹大地

人是群居動物，離不開群衆，也不能沒有朋友，有親情的關懷不夠，還需要朋友的關心鼓勵；人生在世，廣結善緣是重要的，當親人不在身邊，卻生病或遇到疑惑，就有朋友及時陪伴解疑。

一九八三年，在臺北外貿協會諮詢商務時，偶遇南非商人Robert Stone，在約翰尼斯堡經營進口生意，鼓勵我到南非考察；隻身到這個商業大城觀察後，決定留下創業。

熱誠善良的Stone是英國裔，介紹另一位友人，挪威裔的John，提供免費住所及辦公室，還經常邀我全家到他府上用餐。遺憾的是，John不到五十歲就因心肌梗塞辭世，至今我仍懷念那段共事的歲月，感恩他給我的協助。

至於Stone，有一回我誤食罐裝食物中毒，高燒不退。Stone熱心協助就醫，還接我到他的住所養病，半夜為我蓋被、觀察病情，直到病情好轉，才送我回租屋處。隻身來斐，受到這般友情照料，內心有說不盡的感動。

再者，非洲原住民Simmon，自一九八三年來擔任司機，接送我兒女上下學，還須送貨等等，至今兢兢業業。

南非資源豐富，吸引世界各地人們來此創業，多元民族大致和諧共處。投入慈濟後，師父證嚴法師呼籲臺商「取之於社會，用之於當地」，爲協助種族融合，邀集原住民八大族系代表，在約翰尼斯堡學校禮堂，舉辦和平燭光會，宣讀證嚴法師問候祝福函。我有幸居間斡旋，協調族系、派系紛爭，終於圓滿達成任務。

如今美麗的彩虹世界裡，種族融合，友情互信。非洲本土族裔本性單純善良，若能重視人文教育，長期疏導，使之與外來族裔互信共榮，深信友誼的橋梁將是堅固永續的。

自在心語

友情彌足珍貴，它源自緣分，來自自我創造環境條件。既然有緣，就沒有信仰、性別、國界、膚色差別，人人相處和樂，分享成功、失敗、悲傷、喜悅等經驗。有福同享相互鼓勵，有難及時撫慰療傷；友情是健康幸福的基礎，也是促進社會和諧的一股力量。

第四章 親情

由血緣凝聚成爲親近的人，可能隨時間、距離淡化關係，但血緣情感永遠無法分割。

留學生成流浪漢

親情是骨肉、血脈所創造，藉由因緣會聚融合，無法割捨也不容排斥。

二〇〇三年春天，英國天氣依舊寒冷，曼徹斯特的慈濟志工接到求助電話，來自臺灣的一名留學生急需關懷。留學生的父親是退伍軍人，栽培兒子在臺灣取得碩士學位，爲了讓孩子出國念博士，將退休金全數投入，想不到孩子卻在異國他鄉淪落爲流浪漢。

這位學生個性固執不擅表達，但天賦極高，特別喜歡跟指導教授抬槓，在課堂常給教授難堪。第一學年成績順利過關，新學年到來，教授請他去面談。

面談其實帶有警告意味，同學一再勸告他好自爲之，他卻變本加厲。教授無奈，對他採取默然態度，成績結果是「重修」。

翌年，該學生選擇不同科系，不料冤家路窄，物理一科又是同一位教授，師生關係愈演愈烈，該生因此罹患精神病症。

連續兩年未通過考試，最後被學校退學。

該生簽證早已過期，父母供給的費用亦告罄，礙於顏面不敢回臺。同學多少接濟，久而久之告貸無門，慈濟人獲報介入協助。

親情可貴，克制自己更爲重要，兒女對父母要求，父母百依百順；一旦兒女出事，父母親情牽腸掛肚，痛苦不堪。學習大自然，烏鴉都知反哺報親恩，身爲人，不該把遺憾留給摯愛的親人。

自在心語

常聞子女對父母忤逆，甚至子女為爭財產反目成仇，有的為男女情事遭到父母反對，即背離親人離家出走，或不惜一切輕生；如此愚癡行為，是不智之舉。

第五章

愛情

愛慕異性屬天性，一生一世以眞心、細心、互愛、互信，共同創造美滿幸福的生活。

雙親是眞愛的楷模

所謂愛情，正如〈最浪漫的事〉歌詞所述：「我能想到最浪漫的事，就是和你一起慢慢變老。一路上收藏點點滴滴的歡笑，留到以後坐著搖椅慢慢聊。……直到我們老得哪兒也去不了，你還依然把我當成手心裡的寶。」

我的父母生長在同一鄉鎮的農村，經媒妁之言結成夫妻，育有四女三男，是個小康家庭。

印象中，母親總是對前來乞討的貧困者伸出援手，給了餐食還給現金、衣物，鄰居的家禽、貓、狗來覓食，她也大方提供。父親則注重對兒女的教育，教導我們行善爲先。

晚年父親中風，爲了不讓母親擔憂，我們僅告知父親在醫院休養，但母親思念父親，執意要看個究竟。當她坐著輪椅來到父親病榻前，強忍悲傷，雙手握著無法言語的父親，撫慰著他的手掌，似乎在說：「我依然陪伴在你身旁，永遠愛你。不要走……」此情此景，感動了一旁的我們。

不久，母親因身體機能衰竭，先父親而去；父親臥床三年後辭世。

父母相愛至終老，眞摯深情爲後代榜樣。兒孫輩傳承母親愛護蒼生的美德，爲需要幫助的人盡棉薄之力。

愛情需「陪伴」，眞情的告白，大愛包容歲月不離，細水長流直到永遠。花開花謝，始終如一，相伴不渝。

自在心語

英國作家培根：「人不能絕滅愛情，亦不可迷戀愛情。」沒有愛情的世界將是一片黑暗，無法帶給人類希望；但過分沉迷愛情，也會被愛情淹沒。

維繫愛情以忠誠為第一，人人珍惜愛情，接著拉長情、擴大愛，從家庭小愛推及到社會，甚至全世界，做到「人人愛我，我愛人人」，讓大愛溫暖人間，社會平安。

第六章

做事

俗語說：「做事容易做人難。」事情做錯立刻修正，做人失敗，如潑出的水，難以收回。

主雇雙方相互尊重

一九八三年，舉家來到南非。當時還處在種族隔離社會，臺商所享待遇如同白人，居住環境優渥，家家戶戶請有傭人，我們也僱了司機。

我們對待黑人司機Simmon，彼此尊重，他安家在此，生活簡樸而安逸。

有一天Simmon告知有了結婚對象，按照當地禮俗，訂婚必備牛、羊、聘金、戒指等，但他沒有能力備辦。我們無償幫助Simmon，還將公司車子充當他的禮車，讓他體面地完成終身大事。

後來我們家遭到黑人入屋行竊，Simmon開導這名慣竊，使我們不受損失。如今過了三十餘年，Simmon依舊敬業為內弟效力。

另有印度族裔承擔公司會計也三十多年，諸如此類，主雇雙方相互尊重，各司其職相互感恩。

主雇雙方各留分寸，如劈柴不傷柴板墊，留到來日還可利用，否則連同柴板墊劈裂，急用之時還會傷及自己。

自在心語

古代沒有標準時鐘，日出而作，日落而息。晚間從七點開始，每隔兩小時為一更，巡夜的人敲鑼報時，直到翌日早上五時。打更人若亂了時辰，人們的生活也會受到影響，這就是不會做事。

第七章

婆媳之間

人沒改變，是身份改變，當角色互換，思維應隨著轉變，心態隨時調整，與時俱進。

婆媳的三角習題

女性從在家到出嫁，在夫家所擔負的責任和義務，遠比在娘家來得多。

經營好婆、媳、兒子三角關係，已成爲現代社會熱門話題。婆媳之間，應以同理心相互對待，婆婆視媳婦如自己家的女兒，媳婦視公婆如自己的父母，如此這般，逐漸培養感情。

一位婆婆年輕即守寡，三個兒子，大的兩個出國留學，小兒子留在身邊。對小兒子的婚姻，媽媽挑三揀四，最後拗不過兒子的癡情，勉強同意他和喜歡的人結婚。

新婚燕爾，小夫妻經常外出度假，媽媽就抱怨：「只帶太太不帶媽，有了媳婦就忘了娘。」

身爲職業婦女的媳婦，不但持家有方，對婆婆也很孝順，但婆婆態度冷漠，兒子幫忙做家事，也冷眼旁觀；有時故意在兒子面前數落媳婦的不是，兒子信以爲眞，就責怪太太。

多年來和兒子相依爲命的婆婆，覺得媳婦搶走了兒子，心中有著失落感。後來，當婆婆生病時，媳婦噓寒問暖、殷勤伺候，才終於感動了婆婆。

另一對我在旅居英國時結識的夫婦，他們來到英國創業，積蓄不少財富，特別溺愛獨子。爲了兒子的健康，媽媽常常端著一杯果汁追到公司，可是兒子不能體會媽媽的用心，直到中午果汁依舊在。兒子結婚後有了孩子，媳婦不讓婆婆接觸孫子，嫌婆婆草根沒品味。

有一次媳婦生日，小倆口準備外出吃大餐，公婆正裝等在門口意欲同行。媳婦見了隨即號啕大哭，久久出不了門。

媳婦是個高級知識分子，每當出國大買名牌包，都是刷婆婆的信用卡副卡。公公生病住院，她從不過問，也不到醫院探視，出院後的第一句話，就是要公公趕快把家產過戶至先生名下，以免以後要付出昂貴的遺產稅。

年輕夫婦下班不回家，到餐廳用餐，逗留直到夜裡才返家。後來公公過世，婆婆更顯孤苦無依。

自在心語

婆媳關係易失調，相處之間需謹慎；隨著時代不同調整婆媳關係，化解矛盾。

兒子處在媽媽和太太之間，應扮演協商者，媳婦扮演作客者，婆婆則模仿笑劇演藝者。三者融合，需仰賴自身修養，人人放下身段，使婆媳關係遠勝於母女關係，如是以同理心相待，將帶來甜蜜幸福。

第八章
孝親

長幼相互尊重，情理兼顧，晚輩對長輩理當敬愛，長輩對晚輩避免增加負擔，相互體諒。

行願孝道北京行

《論語》子游問孝。子曰：「今之孝者，是謂能養。至於犬馬，皆能有養；不敬，何以別乎？」《孝經》：「身體髮膚，受之父母，不敢毀傷，孝之始也。立身行道，揚名於後世，以顯父母，孝之終也。」

二〇一一年七月，爲了圓滿八十五歲岳父重遊北京的心願，特地邀請岳父的胞妹隨行陪伴。

我等五人來到北京，第一天在市區觀光覽勝，下午觀賞舞臺劇。劇情緊張、配樂節奏驚悚，動畫逼眞扣人心弦。隔日隨團抵長城，老人家行動不便，僅登上第一層城樓即回餐廳休息，兩女兒隨侍身邊，照顧得無微不至。

傍晚回到酒店，岳父與其胞妹安置同一房；夜間十一時許，姑姑趕來敲門說岳父出狀況，見他四肢抽搐、口齒不清、意識模糊，明顯是中風。即刻將岳父送醫。

治療期間，內人姊妹在病榻旁細心陪伴岳父，經過兩週治療，病情逐漸恢復後平安返鄉。

異地突發狀況，經歷一場有驚無險孝親旅遊，慶幸平安度過，完成老人家心願，同時體會「人生無常、行善行孝莫遲疑」的道理。

自在心語

《百孝經》：「天地重孝孝當先，一個孝字全家安；孝順能生孝順子，孝順子弟必明賢。」百善孝為先，是人人所依止。敬親孝道是兒女本分事，以真誠心、關心、貼心、歡喜心侍奉父母，讓至親長輩生活無憂慮，直到終老。

第九章
天倫樂

父慈子孝，血親來自緣分，是歷代祖先血脈延續，一脈相傳共享天倫之樂。

海外的安老中心

海峽兩岸開放直航以來，對長年在大陸的臺商，不僅回臺更便利，無形中拉近和家人的距離；「兩岸空中飛人」的父親，有更多時間陪著家人，享受天倫歡聚的樂趣。

有人一輩子選擇單身，但擁有一個溫暖的家，尤其寒冬夜裡，一家人聚在一起，圍在火爐邊品嘗佳餚，即使是粗茶淡飯，也溫暖在心裡，感到安詳與幸福。

一九九二年三月，位在南半球的南非正處秋天，此地慈濟會務剛成立，在沒錢沒人也沒場所的窘境下自力更生。春節過後不久，我們在有限條件下採購日用品、水果等，探訪約翰尼斯堡康寧安老院，這是一家專爲華人設立的安養中心。

當時由該院任南德主席陪同，慰問院中四十四位受照顧的老人。大家很好奇這是來自哪裡的團體？我們介紹自己是來自臺灣的慈濟功德會。

其中一位老先生，口齒不清、廣東話夾雜著英文，經過主席翻譯，得知老人的兒子是執業律師，父親失智就把他送來老人院，偶而才來探訪。

我拿來香蕉，一邊剝皮一邊安撫他。老人淚流滿面，緊拉著我的手，說何以自己親人沒來，來的卻是不相識的外人？老人得到院方妥善照顧，看似過得不錯，但得不到親人的愛，得不到渴望的家庭天倫。

自在心語

父慈子，子孝親，相親相愛相扶持，每個家庭都該享有天經地義天倫樂。

第十章 享受

享有別人提供方便的同時，感受到別人辛勞付出，還要回饋給對方，給人有溫馨感受。

別貪一時便宜

享受非單指物質，心靈自由自在、時時得到喜悅，遠超過物質；物質會因時間變質，或變得一文不值，但心靈富足沉澱，愈久愈香。

生活非指生存，生活有品味，生命才有動能。用良好心態處理生活，心胸寬廣，快樂不求自來；心態決定想法，想法決定做法，做法正確，結果必然如己所願。

印度寓言中有一篇〈豺狼舔血〉的故事，描述一隻豺狼看到兩頭公羊打架，以爲自己可以趁牠們受傷而漁翁得利吃到羊肉。兩頭羊不斷退後再往前衝撞，豺狼顧著舔地上的羊血，不知躲避危險，結果被夾在兩頭羊中間，活活被撞死了。這隻豺狼爲了眼前的一點利益，拿生命作爲代價。

還有一則「富人與畫家」的故事，有位知名畫家還未成名時，在路邊畫人像維持生計。有天一位富人經過，請他爲自己畫一幅像，雙方說定了酬勞。

一週後，富人依約來取畫，但突然貪起小便宜，認爲自己的畫像沒有其他人會買，何不再向畫家殺價？他賴皮只願花原價三成的價格買畫。

年輕畫家不肯答應，除非按照約定價格，否則寧願不賣。這筆交易便不了了之！

過了十多年，有天富人被朋友告知，在畫展中看到一幅人畫像，畫中人長得和富人一模一樣，奇怪的是，這幅畫被取名為「賊」。

原來，年輕畫家努力不懈，終於成名並且辦了畫展，他在畫展中掛上富人的畫，並標名為「賊」，藉以嘲諷當年之辱。富人為了自己的名譽，找到了畫家道歉，並花了二十倍的價格買回那幅人像畫。

享受是對等的，畫家憑著一股不服輸的志氣，最後讓富人低頭。畫家得到應有的尊嚴，不受屈辱；用什麼態度對待生活，同樣可獲得對等收穫，除非打敗你的是自己。

自在心語

享受是先辛苦、後得來的成就，先犧牲享受，後享受犧牲；做人做事先問自己給別人什麼？然後想別人能給什麼？享受並非無度揮霍，而是節制合宜。

第十一章

生氣

氣血是一種生理運作，氣暢通不生病，生氣傷脾胃自找苦吃；心平氣和則氣血通暢，萬事亨通。

意氣用事惹殺身禍

人間世事中，人與人之間相處關係最微妙，難免因細小摩擦，產生嚴重後果。凡事需三思而後行，退一步海闊天空；生氣是一時情緒發狂，切記不要拿別人的錯誤嚴懲自己。

有一對年輕夫婦，兩人都是上班族，平時省吃儉用省下一筆積蓄，也足夠買下一間住房。他們計畫購屋，利用假日四處找房子；不久選定一戶二手房，但必須重新整修；於是兩人分工，約定好男主人負責室內設計款式，妻子掌管設備購置及監工。一段時日後裝修完成，工程大致上都滿意。

有一天，先生在公司為小事與同事發生爭執，不開心提早下班回家。來到家門口仔細一看，門框裝得有些傾斜，心情不悅火上加油，把怒氣發在太太身上，硬說大門不正會影響事業，責怪太太監工粗心大意。

太太那天正好也提前下班，在廚房準備做晚餐。先生跑來理論，雙方爭執不休，太太氣得拿起菜刀揮向先生，本來只是做個嚇唬動作，誰知先生也不服氣，相互推擠下，菜刀刺中先生，但太太並未察覺，仍負氣而出。

過了不久，太太氣消返家，發現大門深鎖，大聲喊叫卻無人應聲。連忙找來鎖匠開門，赫然發現丈夫竟倒臥在血泊中奄奄一息，知道闖下大禍，立刻呼叫救護車送醫急救，不幸為時已晚，先生失血過多氣絕身亡。

生氣是人常犯的習氣，但過度意氣用事，因小事生氣，卻惹來殺身之禍，導致家庭破碎連帶牢獄之災，是不智之舉。

自在心語

人人有生氣的經驗，久而久之，會因為芝麻小事就生氣，尤其對親近的家屬，當血脈上衝，便失去理智。

平時養成我不想氣人、人也不氣我的好習性，去除人我是非。道家莊子曰：「舉世譽之而不加勸，舉世非之而不加沮。」意即，得到世人讚譽，我不感到得意；世人對我非議，也不感到沮喪。人生又何必生氣？不生氣是幸福祕訣。

第十二章

是非

人言可畏，可傳非也可傳是，在乎當下心念；凡人謹守口戒不易，煩惱皆從見解中生是非。

是非不公冤獄害人

有人的地方就有是非，茶餘飯後容易說是非，是人的習慣也是通病；「是非」是麻煩製造者。

自古以來司法或有誤判時候，或審判缺乏公正而造成「冤獄」，許多國家訂定救濟法則，最終由國家賠償。

有一離奇刑案，某甲幫人帶一封信給某乙，某甲是善意不知情的第三者，在無意中給陷害他的人有了機會。原來某甲在緝毒單位上班，爲人忠厚，從不收取不義賄賂。同僚中有人見某甲不能同流合汙，唯恐自己收賄消息敗露，因此藉機陷害。

事情被檢舉後，檢察官審閱案情，赫然發現收信人某乙是自己的父親，雖然知道某甲是無辜的，爲了保住自己的烏紗帽，透過法官相護未審先判，將某甲判刑，押送到孤島上終身監禁。

原來檢察官是收取保護費關鍵人物，他的父親是被密謀的間接對象，眞正要陷害的對象是檢察官本人。然而是非惡鬥，最後陷入冤獄的卻是無辜的第三者某甲。

另一古怪事發生在兩千多年前，當時印度佛教興盛，出家風氣逐漸形成，因此有男丁的家庭，深怕減少了養家活口的人力。每當有出家衆來訪，大家就非常緊張，尤其是法相莊嚴、說法無礙的教主釋迦牟尼，更謠傳他所到之處見不到男人的說法。這樣的「是非」傳言，帶給人們騷動不安。

常言道：「謠言止於智者。」通常「是非」不斷傳播，久而久之謠言四起，顛倒眞僞；倘若人人心正，不聽不傳，無事就不生是非。

自在心語

明白是非容易，停止談論是非難，對事理的評斷更難；人對你好，樣樣皆是，換言之，對你批評時就樣樣皆非，主客觀兩者是對立面。故人言可畏，是非應止於智者。

第十三章 人生

有生物的地方就會延續生命，有生命必有其物質與能量，它是創造宇宙繼起的源頭，珍惜此生，做未來準備。

物質缺乏卻快樂的童年

原本一件幸福事，卻被外界影響而蒙上陰影；只要用雙手輕輕拂開覆蓋塵埃，幸福屬於自己。

我生長在農村，父母早出晚歸務農，少有時間關照小孩教育。一九五七年，正當小學三年級，上課分上、下午兩班，每輪到下午班時最開心，可以晚起，也可做自己喜歡的午餐。

五〇年代，吃的談不上營養，只求溫飽，豬油拌飯香又美，是記憶中餐桌上的極品。收集早上全家吃剩的飯，將豬油加熱，倒入米飯翻炒，就是一頓豐盛午餐。

教育部門做年度健康檢查，發現小學生營養不足、個子矮小，恰好當時來了一批美援奶粉，即免費供給學生補充營養。起初同學們都喝得很開心，在老師面前，人人喝完一漱口杯牛奶。久了不再珍惜，老師不在場時，輪值服務生就把剩下的牛奶提去澆花。幾年下來，學生身高獲得明顯改善，同時花圃中的花卉也更加茂密扶疏。雖是兩全其美，但難免浪費資源，也辜負贈與者的美意。

回憶當時生活，有的是童年快樂，不知什麼是苦。五〇年代物質真正缺乏的人生，沒有所謂「有」（富裕）與「無」（貧窮）的差別，是不同時代裡，特有的幸福人生。

自在心語

人生過程有變化，但必須作規畫，能安然度過不容易；「有」和「無」之間，現在有的，不代表未來也有，此時的無，並非永遠全無。

第十四章

定心

心本安定如清水，心亂來自誘惑、不安與對立，保持心靈清淨平和，如水上無風，激不起浪花。

平凡一生不平凡

「定心」一詞其實也用於工業，是指無縫鋼管的穿孔軋製，定心裝置必須精確，要求頂杆定心正確。在無縫鋼管的穿孔軋製過程中，頂杆定心不準確，會造成意外事故。

俗語說：「定事先定心。」有堅定信念，才有堅定心。人常因爲計較及比較心作祟，終日煩惱悶悶不樂，終生尋尋覓覓找不到筆直的道路。一個心存感恩的人，並非比他人聰明，財富比別人多，而是享受滿足，得到快樂比人多，計較比人少，比較的也比人更少。

一位餐廳師傅謝先生，宰殺龍蝦的技術在業界頗負盛名，自己的餐館生意也因此獲益。有一天晚上睡覺，夢裡龍蝦、螃蟹、海鮮在房間四處流竄，嚇得他從夢中驚醒。醒來時，房間牆壁鬼影幢幢，正朝向他奔來，大群海鮮驚慌逃命。

他認爲日有所思，夜有所夢，不以爲意，還是繼續宰殺生意。一天中午客人多，連續不停的殺剁才能滿足需求，正當拿起一隻龍蝦，突然聽到龍蝦慘叫聲不停。謝先生全身毛骨悚然，手中利刀突然掉在地上，當下覺得不能再這樣下去；驚嚇之餘，他懺悔過去無知，自認殺業太重，於是下定決心，從此改行另謀出路。

坊間常有談論生死課題，雖醫術能延長壽命，也是拖延病苦。小病成大病至重病而死亡，我們如何面對？現代的預防醫學，雖定期健康檢查，卻無法保證不生病。一旦病魔來考，誰能泰然無事，能有幾分定的信念？

近世紀中，臺灣佛教界泰斗印順導師，他從四十七歲青壯之年，獨身從大陸到臺灣，弘法利益衆生，畢生研究佛典精要，直到晚年。從導師的自傳中述及：「對佛法的眞義來說，我不是順應的，是自發的去尋求……我這裡，沒有權力的爭奪，沒有貪染，也沒有瞋恨，而有的只是法喜無量。隨自己夙緣所可能的，盡著所能盡的努力。」

導師這一段自述，眞正體現「定心」必須從內心建立起堅定不移的信念，而且深信在純正的正法傳揚中，能在濁惡世間作大清流。弘揚正法，利益一切有情生命，以延續聖賢慧命爲職志，導師已經爲後代學生，樹立實踐「人間菩薩行」的典範。

自在心語

心定則信力堅固，反思生活，對錯誤的過往及時懺悔改正，自然安定無愧疚。看待生、老、病是自然，把病交給醫師，把心念交給自己，心念來去瀟灑自如，做該做的事，唯靠定心能產生智慧力。

第十五章
信心

外在展現親和力，內在自謙禮讓；實現自己的願望，抱著必定成功，沒有失敗的念頭。

愛因斯坦的信念

近年來，罹患憂鬱症人數逐年增加，年齡層漸漸下降，這些患者心理缺乏信心，這現象在已開發國家最多，其次是開發中國家。心理諮詢專家採取以鼓勵代替藥物，輔導患者重建信心，對待任何事都用積極正面態度，以信心產出正能量，有效減輕病情。

個人認爲「善良的人永遠是快樂的」，而善良的本質是信心，因爲心存感激，有了感恩心對萬物能生信心。

早上起床的那一刻起，口中說出內心的一分感恩，因爲自己又看到一個生命的開始；由感恩而珍惜生命，昨日已死、今日再生的喜悅，珍惜過往的日子，期待著未來而生起信心。

集物理領域榮耀於一身的愛因斯坦，從小誠懇樂觀，在人生最失落、長久失業找不到工作時，幸虧同學葛羅斯曼向他伸出援手，把他介紹到瑞士專利局。

愛因斯坦對同學的幫助心存感激，從此不斷努力，終於在物理學界取得偉大成就。他的理論被延用至今，尤其人人手中握有的手機，帶來通訊便捷的創舉，其理念乃源自衛星光電學說，這項偉大成就來自「信心」，它是成就人類文明的基石。

自在心語

人活著要有信心，有信心才有希望，可以化渺小為偉大，化平庸為神奇。有恆久信心必能克服一切未知的難關，還可排除心中疑惑。

第十六章

歡喜

交友談真心，對任何事做得開心，珍惜生命存感恩心，面對順逆境抱著歡喜心。

身懷寶珠的窮人

三年前與上海友人遊歷近郊楓涇古鎮，是江南六大古鎮之一。此鎮富有典型的江南水鄉美景，小河堤形狀似荷葉，尤其黃昏時分，觀賞荷塘月色之美，留下美好印象，愜意之情流連忘返。

記憶中，水岸人家有一對門聯：「世事讓三分天寬地闊，心田留一點子種孫耕。」這一切景物，始終停滯腦海，不時勉勵自己，爲人處事，每一個當下都以歡喜心接受。

有一個貧窮人，他很喜歡喝酒，他到一個富有的親戚家裡作客，主人以豐盛的飲食來招待他。他生性好飲貪杯，一下子喝得酩酊大醉，就倒在桌下睡著了。

主人忙於經商，有重要事務必須出遠門。他念舊又好客，心想這位窮親戚無力謀生，生活困頓時時挨餓，就拿出一顆寶珠，將它縫在窮人的衣袋裡，等他醒來之後，便可以拿去變現，免得再流落街頭。

窮人醒來，繼續向人乞討維生，對衣袋裡的貴重寶珠一無所知，再度淪落街頭，無奈過著苦日子。

一天，富人再度遇上窮親戚在乞討，驚異地說：「你怎麼不把我送給你的寶珠拿去賣呢？」

窮人呆住說：「哪來的寶珠啊？」

富人說：「就在你的衣袋裡，是我送給你的，你快翻開衣袋看看！」

窮人拆開衣袋，果然藏有一顆珍貴的寶珠。

凡夫一旦心中無明起，清淨本性就被塵封無法自知，就像一個裁縫師傅，自己穿著破舊衣服；又比如一個木匠，自己始終找不到板凳坐，這是一件何等滑稽又悲哀的事？

寶珠其實就是人們心中的覺性，只因無知而被遺忘、覆蓋，因而妄自菲薄，消極頹廢。其實人人心靈皆是富有，本來就有這一顆寶珠；現在既然已經知道也找到了，切要珍惜這顆寶珠，天天勤擦拭，不受世間雜事蒙上灰塵。

自在心語

寶珠有形，心中財富無形，從說話輕聲細語做起，內心自然生歡喜。以歡喜心說話，給對方產生希望與信心，它是樂觀進取的源泉，是人人身上隱藏的一顆無價寶珠。

第二篇

談事情的始末面面觀

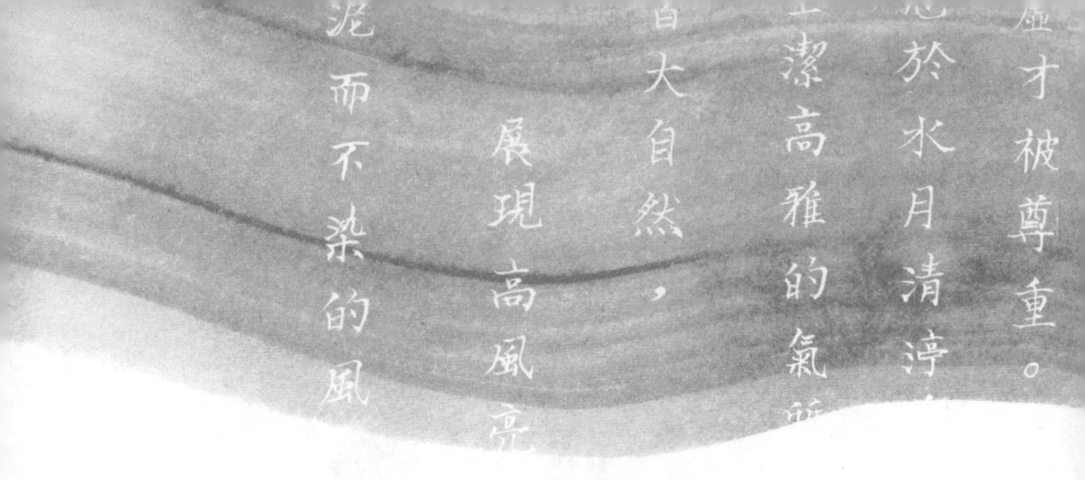

子曰：「君子食無求飽，居無求安，敏於事而慎於言，就有道而正焉，可謂好學也已。」

證嚴法師說：「時間可以造就人格，成就事業，也可以儲積功德。」

丁霖的話：「所謂人事、人事，有人就有事，化繁為簡，見解單純做到人事圓融。」

仁人君子有三種敬畏心，第一敬天愛地，敬畏上天的意志（自然規律），第二敬畏德高賢達之士，第三傾聽有德有才者的話。敬畏天地如同遵守戒律，如此，聖賢事亦即是生活中常發生的事，如舉止、說話、飲食等，尤其對善知識的話恭聆不違，能做到這些，對君子而言就是大事。

所謂凡夫，是看法、做法敷衍了事，缺乏智慧，

刻意去崇
或物，
有成就應
學習榜樣

做出錯誤判斷，遭到非議時又反過來怪罪別人，不但於事無補，還得罪更多人。

人、事、物可建構無數法則，一個團體的美在於一個「和」字。身在團體中，不任意指責，更不要作為麻煩製造者。如此，天下平安無事。

第十七章
名利

世人常說「名利」，「名」是過去的虛名；「利」是私心，此心非永久，因此名利本是虛幻。

盲人算命

華人有個習俗，剛出生的嬰孩，由家族長輩請來命相師，給嬰兒算命。

坊間命相師常見是盲人，前去相命的人認爲盲人看不見，應該比眼明人更有功夫，算得更加精準。記得高中時，隨著鄰居叔叔到嘉義算命，需要提前一天進住附近旅館，以便隔日早到索取掛號牌。可見算命生意的興旺。

命相師聽取我的出生年月日後，一邊吃著蘋果一邊說：「你是一個極富且貴的人，將來你會當縣長，還在國外取得許多證照。」當時聽了似懂非懂，心想一個生長在鄉下的孩子，哪來機會到國外取證照？又怎麼可能當縣長？

如今事隔半世紀，我不過當個「戶長」；旅居英國時則僥倖獲得一張「駕駛執照」。至於富貴二字，自一九九〇年參與慈濟志工以來，在恩師證嚴法師的教導下，受到全球慈濟志工愛心遍寰宇的感召，於能力所及盡心力，內心確實感到踏實，這是心靈的富足。既非爲名，也非爲利，心中沒有爲誰而做，也沒有爲何而做的負擔。

又傳說姓「錢」的人家，一生都會很有錢，不愁吃穿。幸好百家姓中找不到姓「窮」的人家，否則父母一輩子將要背負罪名，讓兒孫貧窮受苦一輩子。

寓言說，有位姓錢的先生，天資聰慧記性特別好。當年出生不久，命相師以文房四寶讓嬰孩挑選，所挑的都是書與筆，命相師直言小孩將來有才華又有富貴，是名利雙收之人。果然他的一生傳奇譽播遠方，人們好奇問他發達的玄機，他微笑答稱：「我已經姓錢一輩子，本來就不需懷疑了。」

寓言總是寓言，世間名與利不常在；若能唯善是從，觀世間名利本是空幻，就能不被名利所困。

自在心語

聖人向內心求，所得美德之名，雖然看不見，但很實在，這是「計利當計天下利，求名當求眾生名」。

平凡人向外求，所得之名，雖有名聲亦顯空虛。若以個人的利益為主，利益無法共享給大眾，此大利實則小利。尤其爭來的名利易生是非，不得安寧。

第十八章
人情

世俗人情冷暖一瞬間，得意來時賀客盈門；失意落魄時門可羅雀，從此不見舊識蹤影。

人情似紙張張薄

《增廣賢文》是明朝時期兒童的啓蒙書，乍看是爲小孩的未來人生鋪墊，事實上是現實生活的寫照。其中有云：「人情似紙張張薄，世事如棋局局新。」教導下一代從小開始，了解人間世事複雜多變，事先洞察人生及人性。

親情常爲金錢汙染，故「貧居鬧市無人問，富在深山有遠親」；友情或許是一句謊話，「有酒有肉多兄弟，急難何曾見一人」；尊卑由金錢多寡來決定，「不信但看筵中酒，杯杯先勸有錢人」。

閩南語俗諺說：「人親戚，錢生命。」人與錢雖不能比，但當抉擇時，是選人或是選錢財？官場、商場中不乏範例，然而世間錢財也是起伏無常，有錢是非多。

當然有錢不全是壞事，若取諸社會，用諸社會，造橋鋪路、救濟貧窮，積功累德護佑子孫，何樂不爲？

大約四十年前，臺北某商人四十餘歲就在地產業發跡，資產逾十億。一天，一批社會士紳前來拜訪，策畫這富人參選民意代表，選區跨越三個縣市，經過一番努力終於當選。每天門庭若市，好不熱鬧；一屆接著一屆連任，人氣沖天，地位愈升愈高，各級人脈通達無阻，有助事業開拓。

訪客有的來借錢，有的介紹土地，有的出國留學缺盤纏，無奇不有。他將原本較小的辦公室遷移，在自地蓋起氣派不凡的大樓，啓用典禮上賀客盈門，盛況難以形容。

可惜好景不常，當主政更迭，政商關係急轉直下，往日榮景日益消退，只聞樓梯響、不見人到來，靜寂門可羅雀。

自在心語

有的被助者一轉頭就忘記恩德，人情似流水；也有被助者一輩子都牢記在心，而且保持良好關係。

《禮記・禮運》：「何謂人情？喜、怒、哀、懼、愛、惡、欲，七者弗學而能。」喜、怒、哀、樂等等，是人類天生的感情，但人與人交往，卻有受益多寡與親疏關係，這都是個人私心所致。

第十九章

貪心

走正當道路增長智慧，用愛開啓心智，不取不義之財，世事天寬地闊。

人人心中藏有一顆夜明珠

人本來有的特性，經由個人意識啓發，不斷創建新思想，成爲後人所依循的方向。

意識存在的價值，有關人的情感精神，包括眼、耳、鼻、舌、身等等。人的意識思想，從心靈表露出不同看法及做法，這便是「人心」。

古人把「人心」闡述得淋漓盡致，例如「人心不足蛇吞象」意味著貪心；「人心叵測」是說心念不可測知；「人心齊，泰山移」表示團結；又如「人心向背」，意味衆人擁護或反對。

一九九三年，南非慈濟成立屆滿周年，志業從穩定中成長，當地愛心人士紛至。有位熱心華人仕紳來訪，聆聽關懷南非土著計畫，認爲藍圖宏偉、高瞻遠矚；不久提出樂捐大筆土地，供作興建會所。

後來得知該人士表面善意十足，其實背後隱藏地產商機，內情複雜。又該人士對慈濟團體制度陌生，卻覬覦名譽地位，貪念昭然若揭，最終自打退堂鼓。這是「人心叵測」的一個例子。

又有一個故事，從前有一對夫妻家境貧寒，丈夫砍柴維生。有一天，丈夫在山中發現一條小蟒蛇遍體鱗傷，好心帶回家敷藥飼養，長大後頗懂人性。

一日丈夫到城裡賣柴，見到官府告示：「若能拿出一顆夜明珠，除了重賞，還可任官。」丈夫回到家與太太說起此事，蟒蛇在旁示意能爲效命，以回報救命之恩，牠用力張大雙眼，變成兩顆金光閃閃的夜明珠。夫婦驚喜大喊：「我們要發財了！」他們將蛇的一隻眼珠挖出，送到官府後，受到皇上重金獎賞，還獲得一品官銜。

夫婦倆變得有錢又有勢。不久，宮中妃子也希望擁有明珠，皇上再次下告示，有能獻珠者，將賜予宰相官職，獎賞黃金萬兩。夫婦獲悉消息，計畫再取蟒蛇另隻眼珠，蟒蛇大怒，怨恨夫婦太過貪心，活活將夫婦倆勒死。

人心本無善惡之分，是後天環境影響，把天生本有的自性覆蓋住。認識人心，以正面教育引導，就能發覺人心原來是良善的。

自在心語

屈原《天問》：「一蛇吞象，厥大何如？」以蛇貪婪的行為譬喻人心；人心偏執，心生虛妄予取予求，終究面臨災禍。

凡人有一缺九，聖賢則將精神放在修心養性，做到自我反思，知足常樂。

第二十章
風氣

勵行健康文明活動，推動正當娛樂，移風易俗遠離迷信，拒絕有害身心的流行。

拒絕把人當成商品

風氣是集體流行形成時尚。每一個國家地區，因時代背景，產生不同人文素養與文化內涵，有不同特徵與意義。

小說裡有專對男人愚蠢貪婪和女人自私虛榮心的特殊商

品，出租醜女以襯托主角，使其相對顯得美麗。醜女像化妝品一樣，成爲牟利的裝飾，雖然賺取可觀利益，但內心實則淒慘痛苦，喪失人的尊嚴。

如此將人當作出租品，本質上違背人性，使人們純潔的道德淪喪，使人間的眞誠變質爲汙染。爲了匡正社會風氣，有必要從輿論上和法紀上，迎面糾正這股歪風。

近來還有「租友過年」，亦即年齡較大而未婚的所謂「剩男」、「剩女」，爲了製造自己有對象的假象，以安慰年老的父母長輩，就在年節時租用男女朋友一起回鄉。

將出租商品由物轉移到人，把人當作租賃標的物，這是貶低人的尊嚴。說是安慰親人，其實只是自我欺騙，自圓其說。

世間事無奇不有，行孝講求有道，用租來的虛擬女（男）

朋友欺騙長輩，本質上即違背以誠以情事親，況且這種行為不具法律效力，當假戲眞做更可能受騙上當。

倡導社會良善風氣人人有責，別將歪風當流行，反其道而破壞公序良俗，貽害子孫；提倡正當的風氣，是邁向高雅文明途徑。

自在心語

民風樸實不低俗，氣度寬宏不鋪張。食方面，質量適度營養均衡；衣方面，整潔優雅不俗，場合顯現端莊；住方面，格局大小恰當，裝修有度；行方面，有車可共乘代步，無車搭乘公共交通，環保又節能。

第二十一章 風俗

傳統習俗隨時代更迭，追隨高雅文明與時俱進，確保文明進步，入境需要隨俗。

「哭嫁」的風俗

地域不分東西，各有地方特色，來自在地人的行為規範稱「民風」，群居成部落形成不同素養、行為準則稱「習俗」。「風俗」是一種社會傳統，一時流行的時尚、習俗，久而久之可能變得不恰當，不合時宜的風俗，隨著時代變遷而改變，所謂「移風易俗」正是此意涵。

漢地「哭嫁」的風俗，據說起源於戰國時期，趙國的公主出嫁，她的母親趙太后在臨別時一番不捨之言：「持其踵，爲之泣，祝曰，必勿使返。」意思是希望女兒嫁出去了，不要無端再回門。

早期交通不便，女兒出嫁後，不知何時再相見，離別之情分外傷感。臺灣地區在五〇年代左右也還有類似風俗，記憶中，大姊出嫁前一天晚上，與閨中姊妹哭成一團。

新娘通過「哭嫁」，表達感激父母養育之恩和親友難捨難分之情，具有孝、義的倫理意義。

二〇〇九年，我到湖南張家界風景區參訪，目睹「哭嫁」

景況，母親對女兒至深的愛，新娘對父母無限的感恩，唱詞大意是：「天上星多月不明，爹娘為我費苦心……」表現母親千辛萬苦，把女兒養大成人，而女兒無法報答、慚愧的感情。

有哭父母，還要哭親友、哭姊妹，同樣表示對親友、姊妹的不捨，據說哭得厲害，表示彼此之間的情誼愈深厚。

自在心語

每年傳統節日，是世界各地華人族群悠久文化的特色，也是長期沉澱凝聚的智慧，如春節、端午節、中秋節等，都有敬天地、聚人情的意涵。

第二十二章 偶然

事物前因後果有相對關聯，並非以概率涵蓋一切，不可預見的危機如影隨形，偶發事件需要逆來順受。

墓園中的偶然

二〇〇四年初夏旅居英國時，曾協助來自臺灣的一對父母。他們的兒子來英國進修碩士，不到一年時光，告知家人經常頭疼，以爲是感冒自行買成藥服用，但一直沒有改善。

據其室友轉述，事發當晚該生頭疼劇烈如爆炸，送醫確診是腦瘤，手術後陷入昏迷，指數一直無法回升，終告不治。

父母趕來見兒子最後一面，同學們自組告別儀式，靈堂選在北倫敦郊區一處墓園。出殯當日下著大雨，我承擔告別式司儀及交通，靈堂離地鐵站頗遠，必須來回接迎；第一趟接送還算順利，再次從墓園出發，頃刻天色昏暗，大雨傾盆雷電交加，明知是正確道路卻找不到出口，車子總是開到籬笆邊，眼前一條幽徑，大風吹向竹叢，發出聲聲哀鳴。心想應是偶然，祈禱儀式準時不誤，霎時車子倒退，一個轉彎抵達出口。

後事圓滿，將其父母接到慈濟聯絡處，得知其父也患有遺傳性病症，腫瘤長在手臂及身上，顆粒狀如小葡萄，而兒子不幸長在腦部。

事事常出自偶然，平時應有危機意識，以免到時措手不及。

自在心語

人生有無常際遇，喜事相聚或患難相逢，都歡喜接受。

第二十三章 勤快

今日的事今日完成，眼到、手到、心到，說得到也做得到。

搶著洗碗與「入木三分」

生長於五〇年代的孩子，吃苦多享受少，不論城市或鄉下，所經歷的情景差異不大。

一甲子時光流逝，歲月經歷考驗，人卻經不起磨練。以前小孩要與父母一同早起，幫忙做家事做早餐，整理房間、廚房洗碗筷都不能少；現在的孩子，茶來伸手、飯來張口，與從前的生活情境大相逕庭，常見父母長輩端著菜飯追著兒孫跑，勉強吃了一口還需苦苦相勸，遑論幫忙洗碗筷。

在英國時，耶誕節是個大節日，每年慈青邀同學至老人院陪長輩溫馨過節後，就會來我家聚餐。用餐未結束，男生就排隊搶著洗碗，女生也不落人後。有些朋友的兒女偶來暫住，離去時房間一片狼藉，相較於慈青們的整齊乾淨，就顯出家庭教育的差別。

今天教育孩子，大部分家長重視拿高分，卻忽略了生活教育；殊不知，提升公民教育，養成勤勞不倦的習慣，更當是時勢所趨。

晉朝王羲之，七歲開始習練書法，他每天坐在水池邊練字，寫完無數的墨水與無數的筆頭，他在水池邊洗筆，不久將池水洗成了黑色。

他練字專注，筆力遒勁。一次爲皇帝祭祀，在木板上書寫祝詞，過後工人想要削下他的字收藏，赫然發現墨汁滲入木板有三分之深。「入木三分」的成語，形容書法力道強勁，後來比喻爲一個人對事物的見解深刻。

自在心語

上進、果敢、包容、歡喜，都能激發行動力，促成美好願望。上進則勇敢承當，果敢則守住目標，包容則樂觀處事，歡喜則幽默迎人。人人做事勤快，做正確的事，就沒有過不去的路。

第二十四章
懶惰

心理情緒急躁不安，行爲怠惰偷懶，不思長進更怨天尤人，人生方向一片空白。

志願當母狗的學生

有的人過著孤獨生活，封閉自己不擅交際，將結交朋友視爲多餘的負擔；當接觸人群，對他人的一舉一動感到不滿，專挑別人毛病，說人是非，嫌別人不友善，最終是自己失去信心，怨恨嫉妒、自暴自棄。

世間事無法事事如意，先改變自己的想法，才能改善生活品質與人際關係。曾看到密蘇里大學的一項研究，懶惰沒有活力可能源自遺傳，人體某些基因會影響人是否積極鍛練，以激發腦力、體力的發展。

這裡有一個偷懶鬧出的笑話。有一天老師在課堂上講課，講到《禮記．曲禮》當中的「臨難毋苟免，臨財毋苟得」，意思是面臨危難，不苟且偷安貪生怕死；面對錢財，不隨便求取不當之財。

一位同學聽課打瞌睡，老師突然叫他起來分享未來志願，同學睡中驚醒慌忙回答：「我的志願是將來要做一隻母狗。」全班同學哄堂大笑，老師問他為何要當母狗？同學帶著惺忪繼續說：「面臨災難危險時，母狗可以先逃跑免受災難，遇有財物到手時，都由母狗先得，這有什麼不好？」

原來這位同學半睡半醒中把「毋苟」誤解爲「母狗」。這個笑話說明一個偷懶不專心的人，容易誤事，還自以爲是，難以成就大業。

善用時間改變習性，養成「言必信，行必果」的好習慣。懶人因生活散漫，對未來抱消極態度，眼前一片空白，力不從心；與其浪費時間偷懶，不如把想不開的事與別人分享，懺悔過去不是，激勵未來動力，貴人就在身邊。

自在心語

好逸惡勞是人的習性。人的一生當中，能做多少有益大眾的事，微乎其微。成事的多寡與惰性有關；懶人的人緣淺薄，更遑論成功，機會更少。

徹底地自覺後嚴格要求自己。只有那些真正懂得人生的價值和意義的人，把生活當作責任、使命，如此才能勉勵自我，克服惰性。

第二十五章 真假

世間眞情假愛不定，爲人處事眞心相待，做到眞善美不虛假，人與事實在可靠。

明眸皓齒今何在

唐．杜甫《哀江頭》：「明眸皓齒今何在？血汙遊魂歸不得。」回首大唐盛世李隆基與楊玉環的這段不倫戀，有人戲謔嘲諷，有人疼惜、有人痛批，千百年後無有定論。

唐朝國富民強，百姓安居樂業，人們崇尚「豐肥濃麗」謂之國色天香，從而體現盛世的富貴氣象。然而，一朝兵荒馬亂，長安失陷，楊貴妃被殺於渭水之濱的馬嵬坡，一縷遊魂再也無法回歸故土。獨活的唐玄宗經由劍閣深入山路崎嶇的蜀道，各自生死路，彼此音容渺茫。

再說英國黛安娜王妃，逝世至今已二十餘載，經媒體蒐集有關她的生前資料，製成紀錄片。當時黛安娜正值青春年華，嫁給查爾斯王儲，一場隆重盛大的婚禮，讓全世界印象深刻；但不幸婚姻生變，韶華早逝，其死因是問號也是省思，唯有留下「王妃」頭銜及無數真善美事蹟，活在世人心中的她無疑是美麗的。

西非奈及利亞是富藏油礦的國家，想像中應該屬於富裕的國度，事實不然；國內眞假難辨的僞鈔四處流竄，詐騙橫行。

近年透過網路交友詐騙，對方謊稱是非洲貴族，國際間不少女子遭到騙財騙色，警方破獲、報刊披露，卻還有人持續上當。迷戀虛情假意，愚昧無知到頭來一場空，被情愛束縛的人，到底是眞愛還是虛情？

自在心語

杜甫《哀江頭》詩：「明眸皓齒今何在，血汙遊魂歸不得。清渭東流劍閣深，去住彼此無消息。」藉唐玄宗和楊貴妃的愛情，諷喻世事多變，大難臨頭各自飛，唐玄宗犧牲愛情、賜死楊貴妃以求自己活命，心中早已忘卻當初奪取美人時的山盟海誓。

世事不易看出微細虛假，如黃金最高純度中仍有雜質。唯有專心看清事實，毀譽成敗乃由自己決定；人群中，不評斷個人是非才是真實人生。

第二十六章

流浪

安居樂業清平致富，保持身心清淨，過著平淡生活，不再浪跡天涯。

富裕中隱藏流浪悲歌

宋代茶陵郁禪師云：「我有明珠一顆，久被塵勞關鎖，今朝塵盡光生，照見山河萬朵。」

西方富裕國家，有些富人心卻貧瘠，流失本心因而浪跡天涯；有些來自癖好，或對社會不滿、家庭失和，以破敗形象作為報復，此風氣逐漸傳至東方。

一次在英國曼徹斯特，參與慈濟志工定期關懷遊民的活動，借用天主教堂作為聚會所。

志工為了維護遊民們的外表形象，首先為他們理髮梳理儀容，再準備中式蔬食午餐招待，陳列來自捐獻的衣物，供遊民選用。志工齊唱歡迎歌，歡迎百餘位鄉親。

在親切交談寒暄中，他們一致讚美菜餚美味可口，有的從未享用過中式餐食，愉悅心情寫在臉上。

愛灑活動開始，我代表慈濟致上歡迎。教堂主事修女受邀與會，也讚歎慈濟志工以愛心長期關懷，對慈濟創辦人證嚴法師傳揚大愛精神表示敬佩。

志工致贈背包、生活用品，遊民們紛紛自掏腰包，選購捐贈的物品象徵義賣義買，每件價格不超過一英鎊，所得捐給慈濟國際賑災。他們響應這有意義的善舉，人人提振起一分自信與尊嚴。

二〇一八年七月回到倫敦，探望親人也拜訪慈濟法親；參與英國慈濟人定期為街友提供熱食。

十一時三十分前，志工已備妥午膳，有炒飯、炒麵、水果、點心。街友陸續來到餐廳固定座位上，志工在街友表單上註記忌食品項，小心翼翼把菜飯裝在固定餐盤，端到街友面前。街友享受服務品質與餐廳無異，如有需求，志工溫馨另備一份便當作晚餐。

為了表示尊重，餐廳除送餐者均不進入，也不照相，彼此默契以微笑點頭招呼示意。長久以來建立情誼，我們衷心祈願他們平安健康，早日回到親人身邊不再過著流浪生涯。

找尋幸福也需換個角度思考，如同適時把一杯水遞給正在尋找綠洲的遊牧人，讓他身心舒暢，不再過著流浪生活。

自在心語

愛因斯坦〈我的世界觀〉一文中說：「安逸享樂與我無緣，畢生以真、善、美為追求目標。」又說：「多餘財富是絆腳石，簡單生活才是創造的原動力。」

第二十七章 有心人

為人真誠出於內，處事盡力形於外，寧靜展露優雅，世事多變但人不變，表裡保有真如性。

愛心是給人真正所需

孟子曰：「生，亦我所欲也；義，亦我所欲也，二者不可得兼，舍生而取義者也。」孟子說，生命是我所想要的，仁義也是我所想要的，如果只能選擇其一，我認為仁義比生命更重要，寧可放棄生命而成就仁義，絕不做苟且偷生之事。

聖賢有捨生取義的本性，這顆本心就是初發心，一般人也有，只不過考驗來時，聖賢人能夠堅持而不丟棄。

中東戰亂的敘利亞，大批難民逃至鄰國約旦，敘利亞商人自發在當地成立收容中心「慈心之家」。戰亂持久導致中心經營困難，約旦慈濟人獲悉，定期前往關懷、義診，並發放助學金給中心內的學子。

本身亦曾是難民的伊拉克籍哈菈醫師，曾受到慈濟生活援助，後來加入「慈濟人醫會」，每在義診現場爲難民看診。她生性慈悲，無所求付出，某次義診忍著牙痛兩天還在爲病患看病，直到被同行醫師強迫到牙科就醫，才發現是急性牙髓炎；來自美國的牙醫爲她治療，剛離開診療椅，她又迫不及待回到看診行列。

再說一個故事，一個國王到山區狩獵，經過農莊時因爲口渴就向一位女士討水喝。女士端來一碗水，國王喝下覺得清涼舒暢，告訴女士：「我想洗個臉，還有水嗎？」女士欣然答應，不一會兒又端來一盆水。

國王洗完臉心情愉悅，說：「水溫適中很舒服！翻山越嶺，腳上沾滿泥土，請問還有水嗎？」女士說著：「還有，還有！」從容提來一桶洗腳水，國王洗後歡喜大笑：「太好了！這水溫潤合宜，實在舒服。」

國王經過短暫歇息覺得好奇，女士汲來的水怎麼每一回溫度都不同？他問女士究竟何故？

女士恭敬地回答：「井裡最上層的水，因日照水溫較高，拿來讓國王洗腳；中層的水溫涼各半，用來洗臉；而最下層水既乾淨又冰涼，正好拿來飲用。」國王爲女士的細心感動，邀請她入宮並冊封爲嬪妃。

一個有同理心、愛心、眞心的人，具有無私、無我、純潔善良又高尚的情懷，因爲善解、平等、誠實帶給別人歡喜，自己也感到快樂。

自在心語

細心觀察萬事萬物，展現愛心是智慧；將無用化為大用，是一種大愛也是慈悲；逃避災難化敵為友，是一種喜捨無怨。從人事中學習共同語言，是愛心。

《老子》：「上善若水，水善利萬物而不爭。」最高境界的善行就像水的品性一樣，恩澤萬物而不爭名利。有道德的人就像水，水能夠與萬物融合，卻不會跟萬物相爭，適當時段出現不同溫度，大自然給人歡喜，給人機會，獻出無求大願心。

第二十八章

人事

人事變化多，有人有事易生是非，人有愛心能信任，對事客觀；因人設事人事混亂，因事設人，人事圓滿。

哲學家的人事哲學

常言道：「做事容易，做人難。」很多事情其實不複雜，但是加入了人事，就變得麻煩。

十多年前，家門口發生一件車禍，車子駛出家門轉彎的一剎那，被迎面而來的轎車撞上。幸虧車速慢，只是車頭擦撞，早晨八時正是交通巔峰，爲了不影響交通，拍照存證後就分別離開。

後來不斷接到對方律師來函索賠，並將我列爲被告起訴。法院傳訊時，法官出示一份對方的醫療診斷書，寫著精神受損、無法正常上班等等。申訴過程，依英國法律被告家屬不可做證人，法官得知被告家屬在庭外等候，特例允許到庭內陳述，最後宣布原告敗訴，被告勝訴，還可求償訴訟費用。

哲學家蘇格拉底的學生，有一天匆匆跑來，興奮地對老師說：「告訴您一件絕對想像不到的事……」

蘇格拉底聽了立刻制止：「你要告訴我的話，經過三次考慮了嗎？」學生覺得不妙，不解地搖頭。

老師就說：「當你要告訴別人一件事，應該考慮再三，首先檢視其『眞實性』。」

學生說：「我是聽來的，不知道是否眞實。」

老師接著說：「那再用第二個方法檢視，至少出發點要是『善意』。」

學生又答：「並不是。」

老師繼續說：「第三次檢視，這件事是『重要』的嗎？」

學生回答：「只是一般。」

於是老師斷然說：「既然消息並不重要，又不出自善意，更不知道它是眞是假，你又何必說呢？」

總結哲學家對人事的看法，那就是「不要聽信捏造是非者」。因爲他不是出自善意，隨時揭發人的隱私，有一天也會對你造成困擾。當然，不做始作俑者，也不成爲是非的傳播者。

自在心語

唐．徐夤：「人事飄如一炷煙，且須求佛與求仙；豐年甲子春無雨，良夜庚申夏足眠。」與人事無爭，人、事、理自然圓融。

人事的差別，在於人是有感情的，而事是一種任務。值得學習的是，人與事的關係，前半屬人、後一半屬事，因此遇急事慢慢地說；遇大事清楚地說；沒把握的事謹慎地說；沒發生的事不要胡說；有害人的事不能說；不中聽的事不用說。切記多說無益，反而害自己。

第二十九章 本性

眾生皆有習性，行中道能塑造性格，接受正向引導，截彎取正直路，是正人君子。

老鼠和狗的報恩

眾生都有一個外界難以改變的，但可以接受引導走向善的本質，它稱爲本性。

一九七六年的一天，一位唐山市民張某，要從米缸裡取米做飯，看見缸底有隻老鼠，因爲缸壁光滑無法爬出，張某正想殺了老鼠，老鼠卻向他舉起兩隻前腳，互搓像在求饒，張某一驚，就把老鼠放走了。

七月二十八日凌晨三時許，張某一家正在熟睡之際，突然腳底疼痛而驚醒，原來是那隻老鼠咬了他們。張某一家大聲叫罵，跳起來追打老鼠，一路追出屋外。

瞬間，轟隆一聲天搖地動，七點八強震發生在唐山，短短時間內奪取二十四萬八千多條性命。

張某一家這才恍然大悟，原來老鼠也有靈性，預感出事而來報恩。

狗是與人類最親近的動物。十九世紀中葉，蘇格蘭警官無意間在街上收養一隻流浪狗，取名芭比。骨瘦如柴全身是病的芭比，幾經照料，成爲一隻活潑通人性的狗。

後來警官病逝，芭比再度流落街頭，重回主人在世時帶牠去過的餐廳。老闆熟悉芭比，隨手施捨食物，芭比沒有立刻吃卻叼著往外跑。老闆尾隨看個究竟，狗兒竟然來到一處墓園，將食物埋入土裡，靜默片刻後離去。

這處墓園裡躺著的正是警官先生。

忠實的芭比在墓園守候主人長達十四年，直到自己老死。當地人深受感動，將芭比安葬在主人墓旁，並立碑文以紀念牠對人類眞摯的友誼，更顯動物本性與人類無異。

孟子曰：「愛人者，人恆愛之；敬人者，人恆敬之。」施與仁愛的人，別人也會敬愛你。以老鼠與狗的報恩故事爲鑑，願世人慈悲齋戒護生靈。

自在心語

人本主義心理學家馬斯洛，他把人的需要分為金字塔型五個層次（生存、安全、社交、自尊、自我實現），認為得到基本的生存滿足後，才會生起更高層次的自我需要。

回歸清淨本性，也要一步步提升，由迷轉悟，光明圓滿。

第三十章

勇敢與懦弱

凡事充分準備勇往直前，朝向目標任務必達。怯弱膽小虛度光陰，浪費生命。

膽小士兵的勇氣

勇者的天性是承擔，不畏困難有守有爲，對迎面而來的殘酷挑戰，用智慧制敵機先；面對現實，百折不撓，勇者是「希望」成爲怎樣的人。而儒夫是在勇氣上退縮，勇者認爲無比重要的事，懦夫則說不值得如此犧牲；所謂懦夫，就是「害怕」成爲一個怎樣的人。

二次世界大戰的寒冬，一個活潑的小女孩與母親一起被關進了集中營，歷經寒冷、恐懼等等磨難，在營區生病哭鬧不休。納粹軍官將小女孩帶出來，命令士兵司耐德等人帶去林中槍決。

司耐德入伍不久，是一名天生善良卻個性懦弱的膽小鬼，戰場上不敢開槍，遇到炮火不敢抬頭，因此被分派擔任看守兵。軍官提醒司耐德和其他兩人將執刑過程拍照存證。司耐德顫抖的手拉著小女孩，走向樹叢，不久樹林傳出幾聲槍響……

後來德國戰敗，集中營被解放。

三十幾年後，英國舉辦了戰爭圖片展。一張戰地記者的作品，引起一位老年觀賞者的回憶：「就是那一天我和司耐德，還有另一個士兵來到樹林裡，膽小的司耐德不知何故堅決要放走小女孩，與那另一名士兵發生了激烈的爭吵。那士兵向司耐德和女孩開槍，千鈞一髮之際，司耐德以身體護住女孩，而他自己在倒下剎那扣動了扳機，首次開槍射殺了自己的同袍，小女孩躲過生死浩劫……」

膽小的士兵，他用自己的生命挽救了另一個弱小的生命，用勇敢實踐了人世間最偉大的愛，讓世界看到一個懦夫，爲了「愛」可以變成英雄。

自在心語

成功是勇者的信念，但不必在我，任勞任怨克服困難，終以毅力取勝。膽小怕事猶豫短視，一蹶不振自暴自棄，失敗是懦夫的避風港。

第三十一章
吉凶

天有不測風雲，人有旦夕禍福；有祥瑞必有災禍，壞事來臨處之以忍，好事來臨處之以淡，心存善念，趨吉避凶。

善業重於惡業

二〇一六年六月，一場巨大龍捲風席捲江蘇阜寧縣，瞬間造成不可估計的生命與財產損失。

上海慈濟人會合蘇州志工，即刻到達災區評估勘災，志工分梯次到達現場關懷，發放賑濟物品。

災民安置在孔蕩村板湖小學，幸好慈濟人送來愛心福慧床（折疊式簡易床），暫時安頓受災民衆。

志工聽取災民講述龍捲風來襲經過，一位婦人描述，她親眼看到水龍捲的可怕景象，湖水瞬間被吸上天空；又有居民被風捲上天空五米高，幾次來回，旁邊高壓電桿都被吹得扭曲彎折。我在第四梯次，前往災情最爲慘重的孔蕩村，醫院病床排滿通道，受災傷患陳述經過怵目驚心。

後來慈濟在當地蓋了收容災民的慈濟村，一位孔姓師兄，是孔子七十九代後裔，因緣俱足，他在慈濟村帶領村民做環保，現在村裡很多人都是環保志工。

又一寓言故事，宋朝衛先生於翰林院當官，英年早逝被小鬼抓去閻羅殿，當閻王審判他的在世功過時，有一整車的惡功德簿。

衛公問閻王：「爲何有這麼多的惡功德簿？」閻王道：「只要起心動念有了不好的念頭，小鬼都會筆筆記錄下來。」

不久再審閱善功德簿，運來卻只有半車。

閻王令小鬼將善惡功德簿秤重，結果善功德遠重於惡功德。衛公不解：「是何種善業重於惡業？」

原來在陽間時，皇帝籌建巨大工程，勞民傷財。當時衛公向皇帝建言，請求停建，但皇帝不聽，並未因此停止工程。

閻王說：「如果皇帝聽取你的建言，你的功德就不僅如此。」最後閻王對他從輕發落。

故事中，做善事累積福德是吉祥，反之，造惡生禍端，吉凶就在心念之間。

自在心語

福禍吉凶是人自造業所得的結果，相信相命、卜卦、抽籤，不如自己轉命；心若不迷失，當下就能以愛轉惡為善，轉禍為福。

第三十二章

輕利

有利則有害，利刃本相依，違反倫常，不顧道義，則隨時傷害自己。

重義忘利流芳青史

漢朝司馬遷寫《史記》，堅持歷史人物要眞跡實情，詳實公諸於世，認爲歷史有警示後人的作用。

漢朝將軍李陵，率領五千軍抵禦邊疆匈奴，最後被匈奴八萬大軍包圍而投降。漢武帝問司馬遷的看法，司馬遷向武帝回話：「帶兵主力是李廣利發號司令，李陵是副將，戰敗投降情非得已！」此言一出，犯了皇上用人不當之忌，武帝聽後震怒，將司馬遷處以宮刑。

司馬遷在獄中受到欺凌，曾經想要以死爲諫；但經過反思，畢生該做些有意義的事，歷史大事須詳實記載，不能輕易了結生命。

他想，孔夫子遭遇困難的時候，完成《春秋》巨著；屈原被流放，寫下《九歌》、《離騷》等傳世之作。憶及古人堅毅不拔，受到勵志鼓舞，司馬遷忍辱偷生，據實寫作，終於完成《史記》。

一九九二年，南非北部木瓜溪一帶，當地政府資金補助加上工資低廉，一時湧進不少臺商設立工廠。

慈濟南非聯絡處草創之初，一方面透過臺商力量響應善舉，二方面能回饋當地土著，鼓勵當地不同族群，彼此關懷消除對立。

一日下午，我從約翰尼斯堡北上，抵達目的地時天色漸暗，在陌生地方，尤其是沒電燈的黑人社區，要找住在半山腰的臺商友人，根本是一大考驗。天黑找不到路，向義大利籍披薩店老闆詢問，他豪不猶豫爲我們帶路，讓店員照顧生意。一會兒到達目的地，臺商衆人齊聚了解慈濟志業。

回顧這位帶路的義籍友人，他拋下生意爲人引路，確實做到提燈照路「見義忘利」，願做別人的貴人。

古今故事誠可殷鑒，人間世事難以細數，許多謠言不聽、不信、不傳，傳聞最終害人害己，尤其涉及「利」與「義」是一雙面鋒刃，舉足輕重以智取義，不可貿然行事。

自在心語

有道是：「君子喻於義，小人喻於利。」道德高尚者只需曉以大義，而品質低劣者只能動之以利害。重義輕利者處事冷靜、理性、務實和有效；輕義者唯利是圖，重利忘義，到頭來忘恩負義。

為人應該當別人的貴人，不應得的利益不取，見義勇為視為職志；輕義之人永無貴人。

第三篇

談物質的生滅與存亡

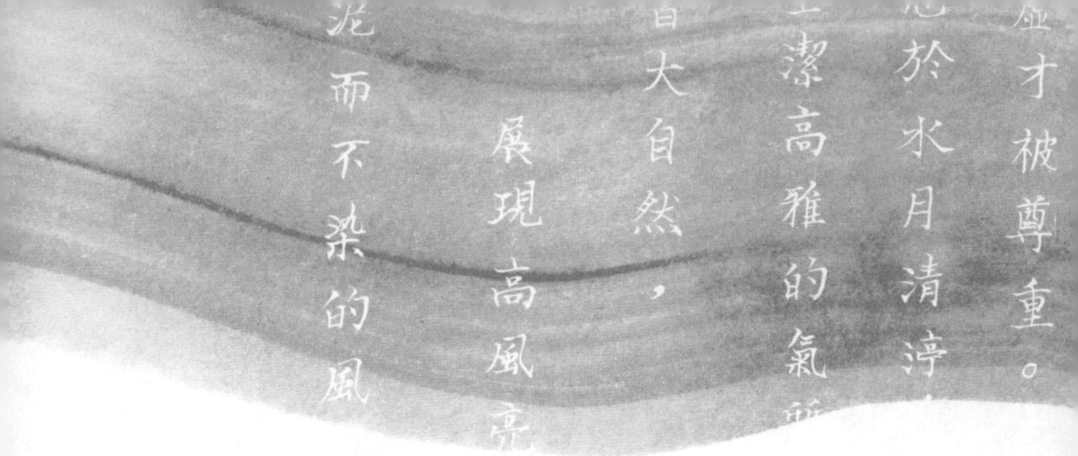

子曰：「富與貴，是人之所欲也，不以其道得之，不處也。貧與賤，是人之所惡也，不以其道得之，不去也。君子去仁，惡乎成名？君子無終食之間違仁，造次必於是，顛沛必於是。」

證嚴法師說：「快樂，不是擁有的多，而是計較的少。」

丁霖的話：「世人都愛富貴，心中有了愛是富，能為愛付出是貴。」

人類生存的價值，在創造宇宙繼起的生命。生命延續，仰賴物質維生，但人心受到貪婪薰習，爭奪不義之財如豺狼舔血，欲罷不能，終致身敗名裂。

欲制其行，先制其心，以正當手段爭取財物，不霸凌他人，不取不義之財，心安理得；如若

刻意去崇
或物，
有成就應
學習榜樣

違背天良，縱然僥倖獲得，遲早也會落空。
物有生命長短，質隨時間改變，終究空幻一場。
富足不等於快樂，貧窮不需卑微，愛可共鳴共振；凡人必有夢，美夢易醒，富足的愛最珍惜，能解窮人燃眉之急。心靈富裕，不全在物質多寡，沒有比較就沒有煩惱，自己盡了力，所以歡樂比人多。

第三十三章 心理

人有七情六欲，從有到無經過生起、安住、變異到幻滅，是由內而外運轉、由外而內體悟的過程。

不在乎別人的眼光

心理來自內心，自發性地啓動行爲，意志堅定者，主動下定目標勇往直前，不在乎別人的眼光是鄙視或讚歎。

《阿甘正傳》這部小說改編電影的佳作，當中阿甘的媽媽曾說：「要往前走，就要先忘掉過去。」智能不足又有殘疾的阿甘，深信命運總有一天會來敲門，屆時自己將擺脫困厄，迎向光明。

阿甘的故事，發出了善良與智慧的效應。有則網路小故事，一個中年人，帶著一個年約七歲全身沾滿泥灰的小男孩上了公車，小男孩靦腆地端坐在坐椅上，深怕身上的灰塵沾汙了別人。隔了幾站，上來一位孕婦，小男孩立刻起身讓座，婦人略帶鄙視，看著坐椅猶豫著不敢坐下。聰明的小男孩意識到婦人的顧忌，他從編織袋裡拿出手帕擦拭乾淨，再請婦人坐下。

旁邊的一位女士比出大拇指，稱讚小男孩：「你是一個乖巧的孩子！」孩子回答：「我曾經看過阿甘的傳記，學習到做自己該做的事，不需在乎別人的眼光。」

鄉下路況欠佳，途中顛簸不堪，突然緊急剎車，小男孩急忙抱緊手中的編織袋。

女士好奇問他：「媽媽怎麼沒與你同行？」

和男孩一起的中年人連忙說：「我是小孩的叔叔，他的媽媽曾是位鄉下老師，前幾天為了補貼家用，到建築工地打零工，不幸發生意外，鋼筋從高樓墜下，插入她的胸膛，失血過多去世了。」今天他們才剛剛去過工地，編織袋內裝的是孩子媽媽的骨灰。

同車的乘客聽到這不幸遭遇，有的眼眶泛紅，不禁議論紛紛，讚揚小男孩既盡孝道，又滿懷志氣；小小年紀身心端正，未來即使沒有媽媽的陪伴，一定也會走出自己的道路。

自在心語

生理可影響心理，心理現象存在「生、住、異、滅」；心理時時隨外境改變，容易失去自在本性。若能培養自尊，就能找回自我，不需要在乎別人的眼光。

第三十四章
生理

清心來自寡欲，保持氣血良好的新陳代謝，內心清淨、身體安然，精神輕鬆愉快。

智慧之因永留人間

人的一生必然經過生老病死的過程，探索其源頭，總離不開「苦」字。要解決這個苦，就得先找尋苦的原因，然後對症下藥；凡夫與聖賢的差別，就在於遇到苦境能否面對與解決。

一切眾生，出生前委屈蜷縮在母腹中，狹隘不淨；出生那一刻，身體接觸冰冷空氣，疼痛如尖物割刺；衰老時，氣力上下不接，手腳不聽使喚，病痛纏身折騰難挨。臨到命終一刻，捨不得世間擁有的一切，卻阻止不了骨肉血氣敗壞，軀體、魂魄離析四散。這就是人的一生必須經歷的過程，每一個過程都是苦不堪言。

慈濟基金會於一九九五年，首次呼籲遺體捐贈，如今已逾二十年，總計將近四萬人簽署同意書，逾千人完成捐贈及使用。慈濟帶動風氣，尊稱捐贈者爲「大體老師」，其中有許多是慈濟志工。

這分感人的誓約，透徹生理變化，「將無用化爲大用」的理念，值得大眾學習與讚歎。有一位捐贈者生前曾說：「寧願在我身上劃錯千刀，將來也不要在病人身上劃錯一刀。」又說：「當有一天，眞的能夠在我身上動刀的時候，就是我心願圓滿的時刻。」這些老師又稱「無語良師」，生前發願，發揮大仁、大智、大勇的精神，其生命價值永遠遺愛人間。

相反的，世間也有愚人，不知善用有限的生命去聞法精進，求取解「苦」之道，卻一天到晚追求身體的享受。殊不知大限來時，後悔已來不及！

《百喻經》中有一則寓言：從前有個愚蠢的人，生吃胡麻子，覺得很難吃；後來炒了吃，味道又香又好吃。他就想：「以後把種子炒過再種，不就能直接吃到味美的胡麻子了！」理所當然，炒過的種子失去生長因子，根本不可能種出東西來。

世間人也是如此，就如已經炒過的種子，永遠不再有成長的機會。

世間事，隨順環境變化，應四時機制運轉，生不貪戀、死不執著。每一個當下都保持一分歡喜，得一分清淨，人生終究會有消失的一天，但生長智慧之「因」能永留人間。

自在心語

生理現象有「生、老、病、死」等，顯現出四種表相。生時歡喜慶生，老時形影孤單，病時無奈痛苦，死時兩手空空不知去向；生理四相都強調在心理反應，離不開喜、怒、哀、樂之中。順應「自然法則」調整心理狀態，就能心安理得，對老、病、逝淡然無憂愁。

第三十五章

物理

每一件事物存在道理，因時間、空間、能量彼此互動，經過成、住、壞、空階段，不斷產生新一輪現象。

小蝦米立大功

物理現象不停變化中。以地震波爲例，在傳遞波段的空間裡，震波場的邊界條件和原本條件，可以求得結構形態及物理變化，預測地震源，但是提前知道的時間短暫，無法有效發出預警。

依據科學家提供數據，「超聲波」是聲波的一部分，人耳聽不見，由物質振動產生，只能在介質中傳播。同一時間，它廣泛地存在自然界，許多動物能夠發射和接收人類聽不到的超聲波。其中的蝙蝠，牠們利用微弱的聲音回波，在黑暗中飛行並捕捉食物，但這僅限於大氣中。

科技發達，物理現象融合人類智慧，利用海中的小魚蝦，竟能破壞人類的武器。

第二次世界大戰期間，納粹主掌的德國海軍與當時同盟國海軍，在大西洋進行激烈的海戰。爲了炸毀敵軍艦隊，確保德軍戰艦安全，德國海軍在一些重要航道布下新發明的「音響水雷」；這種水雷比磁性水雷靈敏，能在對方艦艇發動機聲響的誘導下自動爆炸，使盟軍艦隻在接近德軍艦艇前就被殲滅。

正當德軍以為戰術得逞，這些音響水雷卻在盟軍艦隻尚未抵達前，接二連三自動爆炸，結果盟軍艦艇安然無恙。

原來，德國海軍布設水雷的海域裡，聚集著一種小蝦米，這些蝦米能發出很大頻率的聲響，盟軍捕撈蝦群投放到德軍投設水雷的海域，引爆了音響水雷。小蝦米，立大功。

佛教的宇宙觀，有所謂「三理四相」。「三理」指的是生理、心理、物理，在四大（地、水、火、風）不調和的情況下，無常來臨，世間事就跟著人心思變。三理會隨著時空變化，各顯四種樣貌，例如地球上天災不斷，最終到幻滅成空；強大的國家具有再高技術，一旦人心敗壞時，所有發明創造瞬間消失，就連一隻小蝦米的功能都不如。

自在心語

物種各有生存之道，隨「成、住、壞、空」四階段變異。宇宙萬物真理，都從「有」的形態，經過一段安定時間，受到空間氣體影響，逐漸腐蝕、風化、汽化，最後凋零毀滅成空，見不到任何物質。

心理、生理、物理都存在類似現象，如是真實理。故凡事本無得失，所以就不必計較。

第三十六章

辛苦

成功必須歷經艱難困苦，失敗是毅力不足；汲取失敗經驗苦盡甘來，辛苦是幸福泉源。

摔不破的玻璃杯

辛苦，都是經歷忍耐、付出、期待等等歷練，推動向前，不是困難而是夢想。心思若年輕，即使經歷坎坷，人生與天地不老；心思若老去，就算經歷再平靜，人生已步入老年。

在偏遠鄉村有個貧困農民，教育程度不高，初中一年級就輟學在家，幫忙父親耕種僅有的幾畝田地。十九歲時父親去世，家庭的重擔全部落在他的肩上，要照顧生病的母親，還有癱瘓在床的老祖母。

他把一塊水窪地，挖成池塘養魚增加家庭收入。但村裡民眾告訴他，水田不能養魚，只能種莊稼，他又把水塘再填平。對農事外行不懂耕作，這事一時成了鄉里笑話，在別人的眼裡，他只是想做發財夢的蠢人。

他打聽養雞能賺錢，還能賣雞蛋一舉兩得，又向親戚借了五百元做養雞生意。但不幸遭到一場洪澇侵襲又得瘟疫，雞隻幾天內全部遭殃。區區五百元，對一個光靠幾畝田生活的家庭而言，根本是天文數字，他的母親獲悉兒子背負巨債，不久憂鬱而死。

後來又做釀酒等各種工作，甚至還在懸崖峭壁上幫人打零工，但都只能糊口而已。到了三十六歲還沒有成親，生活條件不足，但他還想最後一搏，四處借錢買了一輛拖拉機。不料不到半個月，拖拉機連人掉入河裡，他斷了一條腿成了瘸子，被撈起的拖拉機也只能當廢鐵變賣。

如此一連串逆境發生在他身上。村裡的人都譏笑他，但後來他卻成了一家公司的老闆，累積資產上億。

記者採訪，問他在苦難的日子裡，憑什麼力量毫不退縮？

他坐在寬大豪華的椅子上，喝完了手中的一杯水。然後握著玻璃杯，反問記者：「如果我把手鬆開，這只杯子會怎樣？」

記者說：「摔在地上當然碎了。」

他說：「那可以試試看！」當他鬆開手，杯子掉到地上發出清脆的聲音，沒有破碎完好無損。

他說：「這只杯子並非普通的玻璃杯，是將玻璃鋼化處理製成的。」他經過連串考驗，最後在創新的鋼化玻璃產業成功。

做事辛苦，做人更辛苦，只要有一口氣迎接挑戰，終會拉住成功的手，讓生命更豐富燦爛。意志始終操縱在自己手中，必須忍耐，辛苦終究會過去，寧願短暫吃苦一陣子，也不要永遠受苦一輩子。

自在心語

一首兒童詩歌：「做豆腐真辛苦，半夜起來磨，磨好還要煮，加上些石膏，才能成豆腐。」當吃了好吃又營養的東西，首先感謝大自然所賜，還要感謝工人辛苦製成食物，它來之不易。同樣的，我們也辛苦為別人提供所需，彼此只有感恩的心，就不會將辛苦掛在嘴邊。

第三十七章

時間

生命的軌跡，只有前進沒有後退，擅用每一分每一秒，無需觀望等待，適時做好該做的事。

一條細絲打破黑夜

地球有自轉和公轉，通過人類的主觀意識加以運算，藉著時鐘擺動頻率，訂出所謂「時間」。

宇宙中有物質、能量、空間的存在，而時間沒有實質性，奧妙的是它流逝均勻，一去永不復返。

孔子在河邊觀察流水，不禁感嘆說：「逝者如斯夫，不捨晝夜。」眼看地球自轉不停，人類物質生滅之快，我們常因時間不斷流逝而感到惶恐。

自史前時代至近代，人類一直坐擁月光，與繁星相伴，後來發明油燈、蠟燭等照明，從此生活徹底改觀。直到發電機誕生，使用各式各樣的電燈，更讓地表生物大放異彩。

發明家愛迪生經過無數實驗失敗，最後關鍵改用炭絲作爲燈絲，改良了電燈。成功因素，在於能把握時間。

幾年之後，爲了造福市民，這位發明家又在美國曼哈頓街道底下，埋了電線管路，此後紐約市擺脫黑夜，成爲舉世首座有光的城市。

此一貢獻並不只是照明，而是讓電力得到了全面普及，帶動文明的產業升級。如今家庭電器用品普遍，帶給生活便利，提升文明水平，在短短百年後，電器事業蓬勃發展，帶給人類更多幸福。

在有限的時間裡，做自己該做的事，只有把握現在，才能充實未知的明天，延續未來生命。

自在心語

莎士比亞曾說：「放棄時間的人，時間也放棄他。」時間看似抽象，能善加運用，微細物質可成為時代巨作；當晝夜不停更替向前行，把握剎那正確的人生觀，才不致虛度光陰。

第三十八章

空間

虛空無盡頭，看不到摸不著，從無形無體的一度空間至無邊際方向，它隱藏著無窮奧祕。

化無形為有形

空間是一個抽象「空」的概念，卻存在一個「有」的事實。十七世紀初，富蘭克林發現了「電」，破除民間雷電是專門「懲罰壞人」的傳言。

科學家用瓶子進行放電實驗的過程中，發現電能產生火花和爆裂聲響，將地面與天空的雷電聯想起來，就是一種小型的雷電場。

富蘭克林爲了證明天空中的雷電和地面的電都是相同的，開始了「引電」實驗。他製作了一個大風箏，上面置放一根尖細的鐵絲，連接風箏上的鑰匙和地面的電瓶。當風箏飛向天空，經閃電打擊，絲線上的毛端豎起，當手觸摸銅鑰匙，立刻出現強烈電光，證明天上的電與地面的電是相同的。

宇宙隱藏無盡的奧祕，世間事物可以衍生劇烈變異；不論從物理或數學觀，其共通點在於物質運動，互爲依存與活動範圍。能量是一種物質，它有生滅，形成生命週期。

人如山有形有體，水無痕無邊，地表上的水占總面積百分之七十一，可以說無所不有，無處不在。但水沒有固定的形態，在乾燥的沙洲，它隱藏於地下無影無蹤；在汪洋大海，潮起潮落變化萬千。在廣闊的世間，它充當著生命不可或缺的源泉，成就萬物的甘霖。

人學習大自然規律，水雖無形，能成就人類開發水利，發電、觀光……好處無法計數。當大環境遭到破壞，山體滑坡、山洪爆發，無情洪水席捲一切，水能載舟，也可覆舟。

地水火風，隱藏於無形之中，因爲無形，可以變幻成任何形態。

由探究虛無空間中開啓智慧，應該珍惜宇宙空間賜給人類的恩惠，爲世世代代生命延續，保護地球天空，讓無數生命獲得生息。

自在心語

物質運動空間範圍廣泛，在可見的空間裡孕育無限的生命，將心與空間融合一體，透過各種思量與實驗，從無限想像開拓出一片美麗生活空間。莊子說：「天地與我並生，萬物與我為一。」敬天愛地，以「天人合一」理念，探索生命空間。

第三十九章 人際關係

你、我、他血緣不同，但血的顏色、生命構造相同，是存亡與共的關係；人與人保持友好互動，關係自然良好。

謙虛改變命運

資本家投資後，期望利益最大化。實踐行爲科學轉向管理科學，因爲有勞方與資方互動，包括工資、工時等制度，現代人際關係於焉產生。

企業界常被討論的話題是「人力」，即便有最先進的技術和設備、最優質的材料，若沒有良好的人事安排，給予安全的工作環境，一切的經濟行為將毫無意義。創新的管理概念，來自人際關係的和諧。

人與人之間最難溝通的是理念和見解，了解員工的需求，可以改善上下層級之間的關係。管理階層要激發員工有創造性的思維與行動力，而增強員工對管理者的信任感；管理人則需學習和諧之道，激勵員工提高生產效益。

有一個四十幾歲的失業男人，他認為自己屢遭厄運，家庭、婚姻、事業一事無成。有一天他遇見一位吉普賽算命師，便好奇探個究竟。

算命師看過他的手及面相後，驚訝說：「你未來很了不起，事業輝煌！」

他問，會有什麼了不起？算命師說：「你就是凱撒大帝的化身！身上的勇氣和智慧都與他相似，有著偉人的架勢。」

他聽後自言自語：「這是說我嗎？我失業無家可歸，根本一無所有。」

算命師接著說：「人生坎坷總會過去，未來還有美好的前程等著……」

他半信半疑離去，心裡卻有一點自認爲偉人的感受。回家後，他開始學習偉人成功的故事。漸漸地，他發現周圍的環境開始改變了，朋友、家人、同事、老闆刮目相看，周圍人際關係以及工作業務逐漸順利。

十五年過後，他果然事業飛黃騰達，成爲商賈巨子。最後他領悟到，其實一切都沒有改變，是自己心態變了。原來人學會低調，處處表現謙虛謹慎的態度，願意改變自己，好緣就接著一一出現。

自在心語

古人說：「水低成河，人低成王。」人緣必須自己創造，人際關係靠自己安排。建立良好關係，以無所求的心態去關懷、付出，因為低調才容易被接納，因為謙虛才被尊重。

第四十章
喜怒哀樂

世間事形色多變，看事情心隨著起伏，用平常心看世事變化，似乎平靜無事，但無事中也能生無常。

一場沒有主人的宴會

凡事都有兩面，過喜導致樂極生悲，比如有人看球賽或中大獎，也會驚喜過度興奮而死。先父摯友某先生，為人謙順和藹，尤其對農民事業關心有加，廣結許多朋友。

一九八〇年，某先生七十歲生日。他一生當中從沒做過生日，好友紛紛向他提議舉辦生日聚會，藉此邀約好友相聚言歡，盛情難卻下他終於答應。

當時民風仍保守，做生日只是象徵意義，藉機邀請好友聚餐，維繫關係才是眞的。其中幾位熱心人士鼓勵，必須安排歌唱等節目助興，某先生高興答應，工作之餘自己也勤練歌唱，準備帶給賓客喜悅氣氛。

壽辰之日終於到來，鄰居鄉親及地方士紳祝嘏，一時賀客盈門，喜宴氣氛顯露在每位賓客臉上。宴會司儀按程序進行，節目十分熱鬧，在一場歡喜祝福聲中漸告尾聲。這時賓客開始交頭接耳，怎麼不見壽星來敬酒？還以爲主人會來個壓軸戲碼，給大家另一個驚喜！

結果直到喜宴結束，主人都沒有出現，鄉里中史無前例的一場沒有壽星的壽宴。

原來壽宴的前一天，某先生半夜不幸去世。根據喪家描述，某先生為畢生首次壽宴欣喜過度，興奮造成連夜失眠，又熬夜練歌籌備等瑣事，心理壓力導致心臟衰竭。

凡事以平常心看待，養成遇事鎮定自在，冷靜地對待目前的處境。過去的事不要放在心上，要培養快樂的人生觀，提高應變力，情緒保持樂觀。

過度喜樂或悲哀能造成心臟負荷，生活行住坐臥中的每一分一秒，都充滿著未知變數。

自在心語

得失視為兵家常事，以平常心態面對，就無所謂喜怒哀樂。修心從淡泊寧靜做起，知足常樂，把人生憂喜、榮辱、得失視為家常。抱持「得意事來，處之以淡；失意事來，處之以忍」的心態，度過歡喜自在人生。

第四十一章

世間

大空間裡人多事雜，熱心要有限度，愛心要用智慧，從平等心看事，以同理心待人。

迷信多生事端

人世間，指人類居住的範圍、生活方式、文化等等，社會變遷、人類生活習慣，人與人互動中產生千奇百怪的事，加上各地風俗民情，衍生各式各樣人情世事。馮夢龍《醒世恆言》：「可惜你滿腹文章，看不出人情世故。」人世間事，微妙細小，複雜多端。

聽朋友轉述，二〇一五年有位友人罹患嚴重憂鬱症，幾經治療無效，不久之後厭世而去。

她的好友姊妹爲她安排後事，依習俗爲死者燒紙錢，讓她在陰間地府生活不缺錢財，據說火燒得愈多愈旺，亡者愈安心無牽掛。死者住處是公寓樓房，室內空間狹小、空氣不流通，紙錢燒得太多，結果不愼引起火災。

漆黑夜裡衆人驚慌失措，樓上一位獨居老太太，老人家睡夢中驚醒，匆忙摸黑下樓，在樓梯間摔跤不能動彈，哀嚎救命。燒紙錢的好姊妹們，有的呼叫消防車來救火，有的自行提水灌救，還有人呼叫救護車協助老太太送醫，大家亂成一團。

亡者已在家停屍三天，室內瀰漫濃烈異味，半夜兩點，趕緊把屍體運到殯儀館寄放。

出殯當日，親友前來弔唁，亡者的前女婿獲悉趕來，結果喪家兄弟極力反對，在靈堂前雙方大打出手。原本哀戚的場面，蒙上一股氣憤，此情此景，使得生者心不安，想必亡者靈也難安。

生死本是無奈的事，因爲一些風俗又多生枝節，使得無奈中更添無奈。

自在心語

許多民間流行的習俗，應該隨著時代與觀念進步而改變；

萬物起點為生、終點為死，以追思關懷，代替繁瑣的習俗。世事不少虛假，矯情求榮、不仁不義等層出不窮，平時敦親睦鄰，大限來時或可平安圓滿。

第四十二章

意志

成事先立志，發心利人利己，帶給別人身心健康、家庭和樂，肯定做人的意義與價值。

證嚴法師開創慈濟世界

發始於臺灣的慈濟基金會，創立至今五十餘載。創辦人證嚴法師，以「克難」慈濟功德會爲起步，鼓勵三十位家庭主婦，每日在竹筒投下五毛買菜錢，每天發一念善心。這是自救，是爲自己造福；本意不在善款多少，而是募取人人的一顆善心。

「爲佛教、爲衆生」六個字，是法師皈依印順導師時，導師給予的勉勵，篤定了法師生命的方向，半世紀來不改變初衷，秉承師志，信受奉行。

當年，法師在一家醫院目睹一位難產婦女，留下不可磨滅一幕，因無力繳付保證金而延誤就醫，深刻感受到生命的脆弱。這個觸發，影響法師後來開啓醫療志業的契機。

從佛教克難慈濟功德會，到今日的慈濟基金會，從臺灣到國際啓發無數人的愛心，如今慈濟志工在全球四十幾個國家成立據點，致力於慈善、醫療、教育、人文等志業，嘉惠範圍涵蓋世界五大洲。

人人付出一分心力，五百個人合在一起，就是一尊「千手千眼觀世音菩薩」。慈悲願力來自當初一念單純的心，是自發性的善心；慈悲用於善行，累積成智慧，法師果然不負師訓，將導師所賜「爲佛教、爲衆生」的宏願，發揮大愛精神傳揚於後世。

自在心語

堅強意志，是人生路上的精神支柱；是跨越橫逆坎坷的信念，歷經血淚交織才能逐步走向目標。古人說：「最困難之時，就是離成功不遠之日。」唯有堅強毅力和志向，支撐到最後一刻，即使小成就也可啟發眾人向上的意志。

第四十三章

希望

有目標就有明天，它帶來生命一瓢活絡甘露水；活著就要開心，凡事有夢想終會成眞。

希望掌握在自己手中

生活中，從別人一句簡單話語，或聽到感人故事，甚至一本書裡一段勵志的話，都能啓發志趣，開發無限潛能。

有一個人因工廠經營不善倒閉，成爲街頭遊民，一次偶然下，有人送他一本書。這本書在教人如何重啓希望、恢復信心，閱讀後給他帶來了勇氣和希望，他決定去找這本書的作者，請他協助自己重新站起來。

作者聽完他的經歷，向遊民說：「很抱歉！我很想幫助你，可是我無能爲力。」遊民聽了大失所望，無助地低下頭。

作家接著說：「我雖然不能幫你，但是可以介紹你去見一個人，這個人是你之前認識的，他可以協助你東山再起！」說完，作者將遊民帶到另一個房間，站在一面高大的鏡子前：「我要介紹的就是鏡中這個人。」

遊民朝向鏡子走了幾步，看著鏡中的自己滿臉鬍鬚，不禁號啕大哭，不久他就離去了。

幾年後，作者遇見一個不認識的人向他打招呼。

對方興奮地說：「幾年前我離開你的辦公室，決心要改頭換面，現在我已經實現當初的諾言，有了一份安定的工作。這裡是一張空白支票，金額由你填上。感謝你讓我重新認識了自己！」

不能小看一個小小念頭，一本書、一句簡短的文字，也能改變人的一生；有夢想的人生，能勾勒出一幅最美的書畫，成爲最珍貴的作品。願人人都有個目標，實現美好幸福的未來！

自在心語

對人、事、物，心中總是懷著最真切的夢想、願望，期待理想中的成果能夠早日實現；但必須付出努力，先用心耕耘，「希望」始終掌握在手中。不能低估朋友一句忠告，不藐視書中普通的一句詞彙，也許它正是你終身受用的指南。

第四十四章

敬愛吾師

為師者，傳道、授業、解惑；身為學徒者，知恩圖報、利益人群。今日為徒，明日被視為師，師道傳承，愛敬永存。

偷吃飯的顏回

古大德說：「佛在靈山不遠求，靈山只在汝心頭，人人有個靈山塔，好向靈山塔下修。」一個覺悟者，是從自己的心靈悟道，人人本來就具有莊嚴的心靈道場，只要用心向內探求，眞理就在這裡。

人類文明演進從物質開始，當滿足生活所需後，必然逐步提升到精神領域。

一九九〇年與慈濟結緣，首次拜見證嚴法師。當時對佛門儀軌全然空白，到了慈濟護專（現慈濟技術學院），師父問：「你覺得這校舍蓋得如何？」我摸著洗石牆柱說：「都很粗用（閩南語，堅固之意）。」師父聽了點點頭。

如今，與慈濟結緣近三十年，每次回到花蓮遇見師父，師父總是那一句話：「卡接轉來（閩南語，常回來）！」師父關切遠方的弟子，猶如母親思念遊子安危。

古代聖賢尊重老師，不會計較老師的出身。老師是傳揚文化、道德教育的啓蒙者，學生受道德薰陶及文化涵養，安國定邦，乃依循此道統。

孔子帶領學生們周遊列國，困在陳國和蔡國交界的地方，曾經挨餓好幾天。弟子子貢想辦法取得一些米糧，顏回趕快洗米煮飯。子貢經過時，看見顏回從鍋裡抓了一把米飯吃，心裡很不開心，就去向孔子告狀。

孔子相信顏回的人品，等他端來米飯時，藉故說要先祭拜祖先。顏回立刻制止，說剛才煮飯時有灰燼飄進鍋裡，自己惜福把沾灰的米飯吃了，已經食用過的飯不能再拿來祭拜祖先。

一時誤會冰釋，消除了疑慮。顏回嚴守老師教過的禮節儀軌，人前人後始終如一，是個德智兼備之人。

自在心語

學習必須靠自己，莫忘老師是永遠恩人。老師教我們做人做事的道理，應該懷抱著感恩心，把老師的恩情牢記在心裡，就像是對待自己的父母那樣；立志報答國家社會，發揚傳統美德，這是對師長最好的回報。

第四十五章

報眾生恩

食、衣、住、行皆衆人所成就，粒米杯湯盤中飧，得來不易歷艱辛，感謝天下衆生恩。

向大自然學習

蝴蝶是昆蟲中有情識的衆生，種類繁多，身上有各式條紋和斑斕色彩，常被詩人作爲愛情的象徵。

據說二次大戰期間，德軍因爲有很好的迷彩僞裝，屢次躲過蘇聯軍隊的襲擊。軍事會議上，蘇聯領導人史達林下令研發更精巧的僞裝技巧，軍官們聽了都非常頭痛。

這時，一位年輕軍官說他認識一位昆蟲學家施萬維奇，或許可以幫得上忙。施萬維奇此時身在被德軍包圍的列寧格勒，蘇聯軍隊費了一番功夫才將他救出。

施萬維奇長年研究昆蟲生態，他靈機一動，利用紅、黃、綠三色，模擬善於僞裝的蝴蝶的色彩，成功製作出比德軍更高超的僞裝技術，贏得戰勝的契機。

這些帶有自然色彩的圖騰，它的反射光波與周圍景物的反射光波大體一致，不僅能迷惑敵人的肉眼偵察，產生欺敵效果，還能對付紅外線偵察，讓儀器無法獵取目標。而迷彩服圖騰，最早是作爲僞裝服，在軍中被大量採用。

宇宙間的奧祕，不過在一朵尋常的花卉中，世間萬事萬物，都是由人心造作產生的。

常言道：「一花一世界，一葉一菩提。」禪宗六祖惠能大師說：「菩提本無樹，明鏡亦非臺，本來無一物，何處惹塵埃。」菩提葉葉形如心，紋路清晰可見，尾尖下垂，每當下雨，雨水順著葉端垂落。

一朵花所涵蓋的一切，與一個世界所涵蓋的一切是沒有區別的；一葉所含有的菩提覺性，與一棵大菩提樹的智慧同樣沒有區別。宇宙生命共同體，不論個體大小皆平等；如同雨水落到菩提葉上，葉上雨水滑落到地上，將原本塵土飛揚的泥地，瞬間溼潤化爲寧靜。如經典云：「微滴先墮，以淹欲塵。」

身曾受外界汙染如塵土，心性習氣長期蒙塵，容易隨境起伏。當法水潤澤，開啓菩提覺心，即可與大自然共存共榮。

自在心語

大地養育人類，延續我們的生命，社會百工為我們提供服務，一碗米飯、一塊麵包，都需經過無數人辛勞付出；我們的食、衣、住、行，是集眾人力量完成，來之不易，應視眾生皆為感恩對象。

眾生渴望平等，看見眼前大地已受毀傷，人類驟然驚醒，發覺原來空氣、環境衛生與人類都是平等共存，視眾生是一個生命共同體，保護自然生態責無旁貸。

第四十六章
蓮花

談吐文雅，語氣淡然芬芳，內化道理妙用無窮；外形顯露自然端莊，能生心蕊萬朵，造化大愛的世界。

烽火下的亞塞拜然

蓮花的高潔，象徵和諧世界的高雅，她出淤泥而不染，潔身自處，彰顯其品格非凡。

一九九四年春天，亞塞拜然在脫離蘇聯統治，獨立近三年後，與臨國亞美尼亞就納戈諾卡拉巴克自治區領土問題，簽下停戰協議，自治區境內的百萬亞塞拜然族群，被迫放棄家園，逃散在境內的四十九個難民營區。

一九九六年，透過英國倫敦大學與慈濟英國聯絡處取得聯繫後，慈濟基金會展開對該國難民的人道援助。

經過多次勘查，獲知受戰火波及而傷殘的人數約三十萬人。棲身小草棚內的難民，逃難時來不及攜帶多餘衣物，難以度過攝氏零度以下的凜冽寒冷。

一九九七年初春，慈濟選定最需援助的薩里等四地的難民營作爲重點援助點，提供一百張輪椅、五千頂帳棚，以及臺灣人民捐贈的愛心毛毯與禦寒冬衣，總數計約十五萬六千件援助物資。

當年參與援助工作，來到兒童救護站時，目睹五塊木板釘成的簡易床上，躺著骨瘦如材垂死的幼童。難民居住在廢棄火車廂或夜間能看見天空的破帳棚，以乾硬泥土爲床，吃的是自養的牛羊及自種的青菜。或以麵粉摻和水、糖，再以牛糞塊爲燃料，燒烤成餅，當災民雙手送上一份唯一能表示謝意的「牛糞餅」給志工，這一幕幕淒涼景象，聞者內心無不悲涼。

任務達成返回英國時，發現身上藍色志工服，已滲出層層灰白鹽分，揮動手臂即如粉塵落下，不禁感慨戰火無情，人間有大愛。歷經多次往返，每當憶及該地景物，雖身淌汙泥，心卻如蓮花綻放、飄香。

自在心語

蓮花，得意於水月清渟逸香，彰顯聖潔高雅的氣質，故取名君子花。學習大自然，能展現高風亮節，愛人愛己君子風度，為人當學習出淤泥而不染的風範。

第四十七章

樂捐

愛是不計回報，給貧困人一些錢糧衣物，給無家可歸者一分關懷。

塞爾維亞用愛接力

敘利亞自二〇一一年發生內戰以來，大量難民逃往鄰近國家如約旦、土耳其，甚至北上至塞爾維亞再進入歐洲，希望到富裕安定的國家尋求庇護。

塞爾維亞居民過去親歷過戰亂，感同身受戰爭的禍害，願意接待戰火中的大批難民，在首都貝爾格萊德市中心的一個公園安頓下來。他們大部分來自敘利亞和伊拉克，乘船抵達希臘後越過邊境前往馬其頓，幾經波折才成功抵達塞爾維亞，並希望到西歐可以改變他們的生活。在公園內，政府成立了簡易醫療帳棚，爲難民提供基本的協助。

經長途跋涉及大雨過後，很多人出現發燒及風寒等症狀，亦有人在旅途中受傷生病或死亡。

當地有慈濟志工，做定期的關懷、發放物資和醫療援助。此舉感動了塞爾維亞一群幫忙發放的本地熱心志工，他們也想獻出愛心成爲慈濟志工。

二〇一七年二月，來自德國、義大利、奧地利、新加坡、波士尼亞和本地的志工，在塞爾維亞阿德塞微西、希德兩地難民中心關懷與發放。

各國的志工們對慈濟義舉留下深刻印象，有波士尼亞志工回顧說：「因爲內戰斷了右手，母親又生病，我很高興有這個機會，這一年來常常參加慈濟活動，感受很多。」

一位土耳其教育部顧問分享：「我看到慈濟與其他慈善組織不同，您們親近敘利亞家庭、小孩，還到工廠去找失學的孩子，這種大愛的精神，值得尊敬與讚佩。」

敘利亞青年志工穆哈默德則說：「慈濟志工們基於人道關懷，這種愛的付出，是不分性別、膚色、種族、信仰的崇高理想，只要你願意做，就能做到。」

不同的人種，大家拋下工作、付出時間，千里而來爲難民分憂。從付出中，他們領會為苦難人無怨無悔付出，喜悅之情點滴在心頭。

自在心語

《孟子》：「惻隱之心，人皆有之。」行善是做人的本分事，歡喜心施捨是福報；珍惜來之不易機緣，感謝接受施捨的苦難人，給予志工們付出的機會。

第四十八章

虛偽

不實是虛，非眞是僞，正人君子不口是心非，表裡始終如一；心虛則行爲不端正，眞相容易暴露。

一代梟「狼」

人心思變，浮現內心貪、瞋、癡本性。

人間對於不眞不實的面貌，喜以「狼」爲喩；遊牧民族逐水草而居，寫下稱霸草原的「狼人」傳奇。

五胡十六國中的「夏」國，創立者爲匈奴後裔的劉勃勃，他是一個後人評價兩端的人物，有人稱他機智勇敢，也有說他手段狡詐凶殘。代國（北魏前身）拓跋珪追殺其父，劉勃勃機警逃過一劫，投靠後秦以休養生息，從長計議思考生存之道。

僥倖受到後秦皇上恩寵，但具有野狼血性的他，不滿後秦與北魏互有往來，開始顯露野性，叛秦自立「夏」國。霸業從此開始，他常以教戰守則自勉，用兵宛如春秋時代的孫武一樣幹練。

然而，人一旦權勢在握，經過君臣擁戴圓了皇帝夢；野性十足的他，雄心勃勃四處樹敵，不敬則殺。

唐代的安祿山，幼年喪父，隨母改嫁受到鄉里欺辱，淪落爲牧羊奴。長大後自立自強成爲馬市場的牙郎，之後投身軍旅，以機靈狡詐取信於長官，逐步接近唐玄宗李隆基，更結識奸相李林甫等人，步步爲營捲入一場血腥戰爭。

安祿山爲了獲取功名利祿，甘願拜年幼二十歲的楊貴妃爲乾媽，直到取得邊疆兵權後大開殺戒，無辜百姓屍橫遍野，兇殘不可言喻。

當他手握重兵，野心膨脹漸失人性，起兵叛亂，塗炭生靈，迫使玄宗西行避亂，兵荒馬亂之際楊貴妃香消玉殞。結果他僅做了一年的「大燕雄武皇帝」，史稱安史之亂。

世人貪圖名利，奪一時之權勢，逞意氣之強，終於身敗名裂，遺臭萬年。世間離不開情愛、權力、利欲交錯，曠世英雄最終也不免一死，死後褒貶，他又能如何？

自在心語

人性有很多弱點，為了要偽裝沒有一般人的缺點，總是會裝模作樣。活得這麼累，不如自己撥開覆蓋在鏡子後面的那層水銀，清澈見底，顯現真實面貌。這不是更自在？

第四篇

談大自然與精神生活

子曰：「不仁者，不可以久處約，不可以長處樂。仁者安仁，知者利仁。」

證嚴法師說：「不求身體健康，只求精神敏睿；不求事事如意，只求毅力勇氣；不求減輕責任，只求增加力量。」

丁霖的話：「有良知智慧者能辨別是非，發揮良能護蒼生，良知無形，良能可感化人。」

人類身為地球上的一分子，無論身、心、靈，皆與大自然萬物生息有關。

人與一般動物的區別，在於人心具有「五常」，仁、義、禮、智、信是做人起碼的道德精神。故孟子說：「人之所以異於禽獸者，幾希！庶民去之，君子存之。舜明於庶物，察於人倫，由仁義行，非行仁義也。」其實這些美德本來

刻意去崇
或物，
有成就應
學習榜樣

具有無需外求，可是外在行為恰似相反，無法以理智判斷，不斷往外求取，最終發現原來自己內心竟隱藏著寶藏，明察竟是唾手可得。

生命本是充滿活力與喜悅，常聞感嘆人生苦短，若欲消除痛苦，唯有思考名利之外心靈的喜悅，善用有用之身做利益大眾之事，心安理得樂在其中。

自然界無論植物動物或生物，具有蓬勃生氣本質，智慧高廣的愛護低等生物，這是慈悲；無度消費讓自然生態遭到浩劫，缺水缺糧生活面臨窘困，將是損人不利己。

一個缺乏仁德的人，無法過著簡約困頓的生活，當然也無法長久處在安樂悠閒之中。在一個只講利益的社會，人心叵測各懷算計，唯利

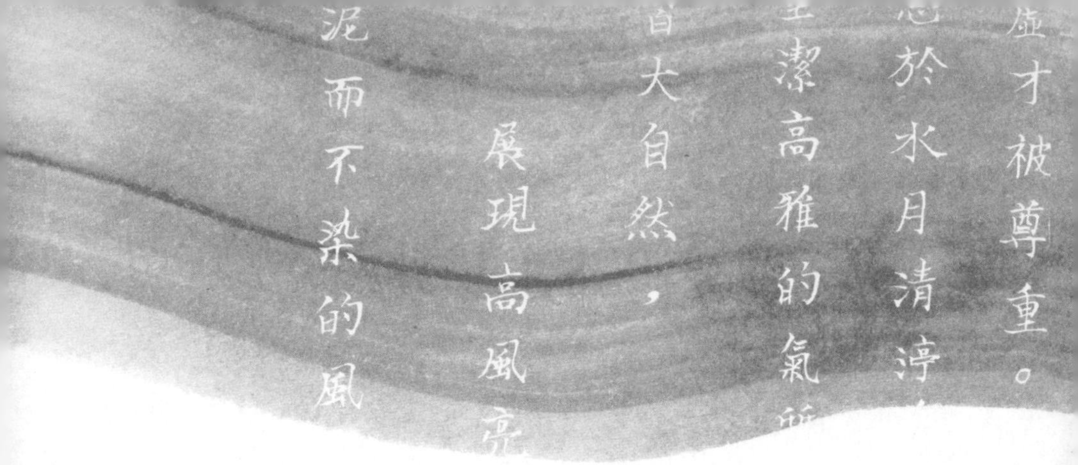

是圖，這是小利，非國家社稷之福；提倡精神文明，社區互助彼此關懷，有利於團結，這是大利。大利為眾，小利為己，只為一己之私，將貽害後代；順民意、行仁義，是大眾倚望之依歸處。

《論語．述而》：「求仁而得仁，又何怨？」一個有理想的人，其志向必高瞻遠矚，只要有願望自然產生力量，也因深信道理，了解人生真諦努力不懈，指引方向體悟存在價值，肯定對的事做就對了。

第四十九章 動物

人類史前已存在的生物，各個具有使命、隱藏豐富動能，是信號傳遞者；尊重生命、保護生態，視同保護自己。

靈性的貓狗

動物是眞誠的，而人類可能才是最需要教化的動物。動物世界裡爲了存活和繁衍，相互搏殺是自然法則，而人類對動物的毒害獵殺，凸顯野蠻行徑。

一九八五年間旅居南非時，爲小孩買了一隻黑色德國狼犬，取名國強。這類動物通常被訓練爲警犬，國強食量大、成長快，超強敏銳而且善解人意。

國強不喜歡吃麵包，在主人面前裝作吃樣，主人沒看見時，就將麵包偷偷埋在花園裡，推土掩蓋，還以下顎壓平。發現時，把牠引來現場，指責並給予教育，牠就無奈垂頭，露出慚愧的樣子。有次全家出遊帶國強同行，從此以後每開車門，牠一定搶先跳上座位，然後坐著一動不動。

後來我們移居英國，據內弟描述，國強不思飲食如同人類想念親人一般，之後偶而回到南非，國強見到就會歡喜地叫個不停，還步步尾隨進入房內想親近。室內電話響了，牠立刻衝在前面將頭靠在桌上，兩眼注視，仔細聽主人對話。不幸幾年後罹患腫瘤去世，臨終時咽嗚不已，似乎想念遠方的舊主人。

又在上海慈濟長風聯絡處，志工送來一隻黃貓取名小黃，爲了驅趕廚房老鼠，敬業守候在四樓屬於牠的溫馨的窩。

小黃長期與志工相處，頗通人性。每天隨志工參加「晨鐘起．薰法香」，清晨五時三十分必在門口等候，不論寒冬或炎夏，與志工們一起精進。據值班志工說，小黃生性慈悲，全年與志工茹素，當巡視各樓層抓到老鼠，牠會用雙爪壓住不直接傷害，呼喊志工來處理。

當五月上海舉辦「母親節、慈濟日、浴佛節三節合一」時，小黃穿梭隊伍中，期待一起迎接嘉賓參與盛會。我在聯絡處四樓影印訪視資料，小黃發覺我需要機器旁邊的椅子，就立刻離開、讓座，回到自己的窩；一旁志工們見狀，讚歎動物的愛心、靈性與人類無差異。

動物展現慈愛與善良受到肯定，人類與一切動物共有的特質，就是情感；地球上的所有生物本來平等，應該和平共存，不該受虐待殺害。

自在心語

地球上約有一百五十萬種動物，物種平衡共存是生態的自然法則。動物是資訊傳遞者，是植物種子傳播者，有效且有限繁衍物種，避免造成社會負擔及環境汙染，寵物飼養應視環境及個人條件，不隨意將氾濫當作流行。

第五十章 礦物

地質運動形成天然化合物，具有生命現象，有助於考古、工商業，珍惜資源避免過度開發。

血染的鑽石

人們每遇喜事，喜愛以貴重物品襯托，一者凸顯高貴榮耀，二來炫耀富有。但是擁有鑽石的那分喜悅，在贈與受者的背後，隱藏諸多不爲人知的血淚、人命不值錢事例。一顆帶有鮮血代價的鑽石，在手中炫耀光彩同時，有多少人爲之喪命？因爲它的存在，挖礦工人爲了生活只能冒險，有無數家庭因它家破人亡。

鑽石對某些人來講代表權力與吉祥，又是愛情、永恆的象徵；鑽石的光芒，照亮情人的眼睛，無形中卻變成殺人的利刃。爲了證明愛情不渝，出現不同宗教神話，及商人炒作等等，爲了利益，不惜踐踏人性的善良。

從開採到層層切割製成，出口、行銷全世界，經營者對年輕人改造思想，教導如何在採礦時防備與占有。監視礦工的娃娃兵，教導他們冷血對待，違背教條者下場悲慘，一場利益戰爭，小殺手對每一樁任務視死如歸，這正是電影《血鑽石》情節中扣人心弦的片段。一顆閃爍在五十七切割面的鑽石，眩惑光芒裡幾乎看到斑斑血跡。

現在雖然有國際行動「金伯利機制」的禁止與抵制，可是暗地的活動仍然存在無情的殺戮與犧牲，血染黃金、鑽石的傳聞不斷。

人心被物欲薰染，不肖商人炒作價格，被龐大的利益財團所蠱惑，徹底淹沒了人性。礦物本無辜，是人類汙染了天然礦物，這是大地飽受摧殘下的一場血淋淋教訓。

自在心語

深埋在地下的天然液態或固體，人們根據物理性質來識別礦物，如按顏色、光澤、硬度等以區分寶石高低價值。無度壓榨童工，過度開採造成山體鬆動，危害無數生命與財產。

人類珍貴的愛情，該學習金剛鑽的是堅毅永恆本質。追求鑽石迫切之心，不如轉念對大地給予一分呵護；真誠之愛，永浴愛河，並非那微量小小幾克拉重量所能替代。

第五十一章
方圓

有規矩能成方圓，快速畫方能成圓，慢速畫圓可成方；爲人處事循規蹈矩，萬事求得圓融通順。

史瓦濟蘭慈善菩提苗

一九九一年，緣自南非慈濟志工吳國榮，結識來自臺灣到史瓦濟蘭的農技團葉先生，我們受邀到當地參訪。

史國人口不到兩百萬，百姓善良，地理優勢水源充足，臺灣農耕技術團到此教導，提高蔬果種植技術。利用夜間下班時間，借用簡易教室介紹慈濟志業，當地人看到《慈濟月刊》和《慈濟道侶》上的照片，聆聽介紹點頭稱讚，會後帶著歡喜心離去，奠定日後慈濟志業在此深耕發芽，志工隊伍浩蕩長。

非洲地區至今有七個慈濟據點，志業任務多數由本土志工承擔。南非歷經吳國榮、張敏輝、施鴻祺、潘明水幾位負責人及陳美娟等人的努力，精心培育一群熱心的本土志工投入，多年來爲這片彩虹大地默默奉獻。

近年來因緣俱足，潘明水率領本土志工大力勤耕社區；特別是對孤寡及愛滋病患者的關懷不遺餘力，至今史國黑人志工多達三千四百餘人。

以前的人都說：「做人做事都要講良心，都要對得起天和地，更要對得起自己。」史國地處偏遠，山區生活貧困，但人心善良，對慈濟理念付諸實踐，他們生活雖不富裕，心靈已獲得滿足，做到了做人做事的方（指事）圓（指人）道理。

自在心語

做人內方外圓，情、理、法兼顧，做事圓滿通達，兩者剛柔並濟。教育不應僅限於學識領域，更需加強孩子的人格與精神層面的昇華。

第五十二章
生命

有動力產生活力，掌握自己做生命中的主人，讓生命有尊嚴、意義、價值。

東方睡美人

歷代在朝爲官者，有高風亮節智慧者，爲道義犧牲，表現「富貴不能淫、貧賤不能移、威武不能屈」的志節。而一個眞正了解生命眞諦的人，延續永恆的智慧福德，使生命富有價值。例如慈善家，將別人的快樂視為自己的快樂，別人的痛苦當作自己的苦，是對生命的重視。

九〇年代大陸某軍區醫院籌建地下病房，不料打坑道進去不遠即發生坍方，發現白石膏泥，從洞中噴出冰涼氣體，專家斷定此為一處俗稱的「火洞子」，是一座保存完好的古墓。

出土後，獲得一具保存完好的女屍，經考證為兩千兩百年前，長沙國丞相利蒼的妻子辛追。出土時，屍身柔軟有彈性，頭髮完整，眼睫毛清晰可見，有「東方睡美人」之稱。

此信息傳出，中外考古學家無不稱奇，對超過兩千年至今沒有腐朽的女屍，軀體保存完好覺得不可思議，夫人身上裹著二十層錦繡絲綢有如蠶繭，屍體不腐爛的祕密至今成為謎團。

陪葬文物中，包括漆器、書卷、珠寶、帛書等，還發現一件「素紗禪衣」，重量僅四十九公克。棺木上蓋著一塊T字型的招魂幡，繪有天堂、地獄、人間等圖騰，象徵死後還要像在人間一樣享福。

奢華榮景，財富名位，然而生命終有盡頭，再完好的屍體，一樣被遺忘在歷史的灰燼中。尊重生命，創造價值，才可流芳百世。

自在心語

人無法掌握一切生命，也被一切生命所主宰，死後不分豪門貴族或販夫走卒，終歸於塵埃灰燼，平等無二。愛護生靈，尊重所有生命是一個共同體。

第五十三章
成就

創業守成不易，需經歷挑戰與折磨，信心、毅力造就了有心人。

難民再創華人榮耀

二次世界大戰後，東南亞爆發局部戰爭，令亞洲國際局勢產生變化。

一九五五年起，持續二十年的越南戰爭，造成大批難民潮，一部分落戶在英國倫敦東南方小鎮阿貝伍德。

因華僑在越南具有經濟基礎，取得優先逃難機會，經過半個世紀以來，這些越南難民的第二代、第三代，受到英國政府妥善照顧，在各領域發展各有成就。

當年隨慈濟志工到越南難民村關懷，僑胞深受感動。其中有位吳傑老師，深受慈濟感恩、尊重、愛的精神啓發，主動將慈濟刊物四處傳揚，自費影印「靜思語」傳授，在社區挨家挨戶介紹慈濟精神理念。

這數以千計遭到烽火之痛的越南華僑，接受政府物質補貼之餘，人人發揮華人自力更生的刻苦精神，打工至半夜。慈濟志工著重精神鼓舞與愛的關懷。

倫敦印支中文學校，創校校長張志強與夫人原是難民，來英後積極爲華僑子女教育奔走。校方多次邀請慈濟志工，到校舉辦人文、義診等活動，假日時學生們與志工一起送餐給老華僑。該校成就子弟不計其數，培養出優秀的專業人才回饋當地，張校長榮獲英國女王勳章，表彰其對少數族裔特殊貢獻。

自在心語

世間事變化無窮，無辜性命被捲入戰爭災難，難民潔身自愛、自立自強，展現頑強生命力，創造自我目標，這是最大成就。人間有愛，慈濟志工伸出援手，以鼓勵代替施捨，即時給予精神撫慰。

第五十四章
無常

人生無常快樂短暫，我執痛苦濁氣纏身，從生活中感受人生本是無常、無樂、無我、無淨，只是因緣會聚顯現在眼前。

一時迷失家庭潰散

一位朋友的遠親，有不少地產，生活寬裕；一家幸福和樂，父親將家庭擔子逐漸轉移給長子。

好景不常，大兒子交友廣闊，染上不良習慣，積欠許多債務，不得不變賣家產；父子、兄弟情感因此出現裂痕。

家產變賣還債所剩無幾，大兒子無法再從家裡拿到好處，帶著三個孩子離家。家務改由二兒子承擔，二媳婦屢屢抱怨公公偏心不公，放任大伯，卻讓先生挑起債務。

老先生孤獨無依，中風臥病，二媳婦只叫年僅五歲的孫子給祖父送餐，病情嚴重沒有胃口，身體健康每況愈下。有一天大女兒回來探望，看到父親病榻前冰冷菜飯，房間蚊蠅布滿父親臉頰。不久老先生病情惡化，臨終前用被單蒙著頭大聲怪叫，訴說著不甘心。

公公過世，二媳婦難掩一副好心情，幾年後自己患了精神官能症，病情急轉直下，治療不見好轉。臨終前和公公一樣用棉被蒙著頭，羞愧胡言亂語。

人的生命本來不尋常，一時無知迷惘，臨終身受苦痛，後悔莫及。

自在心語

今日不知明日事，居安思危不可無；身心保持平常又安樂，全家和氣相處，將歡樂帶給別人，創造更多人快樂。

第五十五章
緣分

生命沒有永恆，故珍惜擁有的一切；有限的生命雖有終點，福分智慧卻是無涯無邊際，還需不斷滋潤，好緣分是智慧資糧。

海外遇故知

二〇〇三年春天，某日下午英國僑胞來電稱，一位臺灣女士帶著兩個小男孩來倫敦遊學，婦人昏倒在路上，經路人報案送至市區醫院，請慈濟人到醫院協助。

這位女士病情嚴重，腹部鼓脹、消化系統停滯。當日適逢假期，留守醫護人手短缺，在危急情況下請求調派醫護人力，終於順利完成手術。檢驗結果是大腸癌，一方面聯絡病人家屬，一方面安慰病人，適有花蓮慈濟醫院胡醫師來英國進修，一同前來關懷。

家屬未抵達前，我與太太、女兒及慈濟志工輪流照料，每日送流質食物補充病患所需，兩個不到十歲的小男孩天眞問著：「我們不認識你們，爲何要來照顧媽媽？」兩週後家屬接回臺灣做後續治療，並聯絡臺北慈濟人繼續關懷。

六年過後，這位女士康復再度來到倫敦，來電談及小孩來英求學事宜，計畫買房。適時我正準備回臺，如此巧合，就將原有住房出讓給她，兩個孩子也安心在此求學。

緣分來自一分虔誠與自在，證嚴法師總是教育弟子們：「付出無所求，還要說感恩。」當別人有需要時，及時伸出援手，給別人一分信心，也找到自己的快樂，這是一條不虧本的幸福路。

自在心語

人的一生，從無到有，輾轉從有到無的歷程；緣分始終圍繞著生活當中，以歡喜心面對一切，忘卻哀、怒、怨、恨與得失，善念引領善緣，無處不在。

第五十六章
崇拜

對某人某事尊崇有加，情願爲他付出追捧，是執著人事之相；以正面效法產生勵志，增強信心，有朝一日也成爲被尊崇的對象。

崇拜偶像到變成偶像

世界上有很多崇拜文化，所尊崇的對象有人、動物等。尼泊爾人崇拜黃牛，認爲人死了，牛可以把人引渡出離陰間，於是人死了，就買一頭黃牛放生街頭。

非洲迦納國人民崇拜凳子，迦納人心目中，凳子是神聖的財產。於是，每一個人都細心保存著一張自己喜愛的凳子。在當地，凳子既是日用品，也是特殊工藝品和珍貴的餽贈品。男子求婚，凳子是必須的彩禮；女子出嫁，用凳子表示永結同心；父親留給兒子的財產僅有這把祖傳凳子；新婚之夜，坐在凳子上海誓山盟。

在臺灣歌壇，享譽逾半個世紀，號稱歌神的鄧麗君，她的歌曲紅遍東南亞，幕後許多歌詞是作家莊奴所撰，〈小城故事〉、〈甜蜜蜜〉等成名曲，大衆耳熟能詳。

天生完美的嗓音，加上演唱技巧，是鄧麗君揚名海內外歌壇的關鍵。她的外形氣質非凡，表現出中華傳統女性溫柔婉約的美。七〇年代在華人影視圈迅速竄紅，受到東南亞等地華語歌迷的追捧。

現今北京有位陳佳，從小就很崇拜鄧麗君，夢想成爲像她一樣的歌星。陳佳說：「我經常學她唱歌，甚至對著她的照片，把自己的外表臉型修成像她一樣。」陳佳六年前開始在網路上唱起鄧麗君的歌，大受歌迷喜愛，原本從事金融工作，現在改行成爲一名活躍在舞臺上的好歌手。經過一番努力，她也成爲被崇拜的偶像。

盲目追捧他人，便會失去理智，不如自我充實，培養自信，一旦機會來臨自然受到尊崇。

自在心語

不需刻意去崇拜某人、某事或物，在乎自己保持冷靜，觀察是否值得崇拜；別人有成就應該讚歎，當作學習榜樣。不亢不卑，感謝他人表現好模範，有待自己激發潛能。

第五十七章

美善循環

對聖賢道理融會貫通，行善愛人始於個人，以歡喜心，廣邀天下善知識，共創美、善、愛的世界。

喜見志工回饋鄉親

二〇一三年夏天，參與慈濟對大陸活動，帶領團隊從上海到江西省宜春，發放清寒助學金，並舉辦青少年夏令營。

團隊人數多，與當地志工舉辦聯誼活動，邀約鄉親會衆了解慈濟志業，將來也在自己的社區發展慈濟人文，關懷留守兒童、獨居老人、環保等敦親睦鄰活動。由於當地志工的付出，會眾們受到感動紛紛響應，也對慈濟善舉給予肯定，接引許多新志工積極參與。

此次負責活動策畫及推動的宜春志工，本身住在偏遠山區，生活條件不佳，二十年前也曾接受慈濟援助。後來他到華東念書就業，生活有了改善，於是回歸故里深耕人文，帶動更多有愛心的鄉親，成為美善循環的佳話。

落實社區是每位志願者的任務，自己起帶頭作用，從關懷鄰居留守兒童及獨居老人開始。這些兒童因為父母出外打工，乏人照顧；獨居老人遇到生病更需要照料，有志工的付出，帶給社區祥和安定。

當地志工各個充滿歡喜，不論寒暑，紛紛走入人群。如今本地志工嘉惠鄉里受到肯定，宜春等地慈濟志業蓬勃發展，爲華東地區奠定良好基礎。

有上海志工將來自外地的母親帶來參加讀書會，她看到慈濟志工慈眉善目，儀表端莊和藹可親，讀書會內容豐富很適用日常生活。

女兒有感母親觀念逐漸改變，生活明顯調適，有時無暇陪同前來上課，她會主動來參加，也結識許多志工，聊起一家老小相處，原來從事企業的她由遇事爭執轉爲與人和諧。

今年以來，需要就近照料遠地長輩無法來回上海，但她愛上慈濟的人文，志工的貼心如一家人，於是自己在浙江住處尋找慈濟聯絡處。

終於在居家附近找到環保點，喜出望外，除早起聞法精進，還將環保站整理整潔，是每天必要工作。她自我反思早年自己做企業，每日「一指神功」吆喝上下，看不慣的事就還以嚴厲聲色，如今受到團體約束，明白「我爲人人，人人爲我」的道理。原來，美善典範會感染人。

自在心語

明禮尚義，殷切求知識互助合作，自然生歡喜。社區的安寧有待人人攜手同行，將美、善、愛匯聚帶動循環，讓家家戶戶祥和平安。

第五十八章

清淨與汙染

大地本來清淨，人心自在悠閒，清淨本無二致，有純淨即無汙染，共創平安分享太平。

垃圾危機

眞正有修養的人通過體察，他不離開現實環境，總是親自感受。求取安樂，先從淨心開始，有形的大環境和無形的內心小乾坤，清淨與汙濁兩者皆從「心」開始。

想要改變環境必須內外兼俱。內是心靈環保，薰法義明道理；外是大地環保，清淨在源頭。人口集中的大城市，飲水汙染的問題日益嚴重，工業廢水處理不徹底或違法排放，汙染地下水源，使飲水中含有鉛、鎘等重金屬，毒害人體。

媒體近年來在太平洋中途島記錄了海洋生態，島上四周的海洋漂滿飲料瓶罐、塑料袋及生活廢棄物，被海鳥及魚類誤食，造成死亡瀕臨滅絕，已死的禽鳥、海龜腹中，積滿塑膠瓶罐、氣球、打火機等等。

西太平洋一端的新加坡，十餘年前響應垃圾不落地，慈濟志工為了減輕居民上下樓投放回收物的辛勞，每次號召兩百餘名環保志工，到大樓挨家向居民收取可回收資源，至今設有三十個環保站點。居民與志工合作無間，積極響應愛護地球，清淨在源頭。

隨著全球的工業化腳步，耗水已經達到總供水量的百分之二十，而人類飲用水的供應，受到自然資源的限制，經不起其他消費需求帶來的競爭壓力。人類想改變環境必須內外兼俱，人人了解大地「淨染」之間重要分際，自覺到水資源的珍貴與危機，淨化自己、珍惜資源、重視環保，轉汙染爲清淨是唯一生存之道。

自在心語

全球環境汙染日趨嚴重，人心受到濁氣薰染，本來清淨者受感染轉為汙濁。挽回之道在於自省，唯有自己覺醒而後影響別人，才能拯救大地。

第五十九章

曙光

心地光明的人，前程充滿希望；人生難免遭遇挫折，當曙光再現，是希望到來。

送燈籠給盲人

《尚書．大禹謨》：「人心惟危，道心惟微，惟精惟一，允執厥中。」是說人心變化萬千，唯有守持中道，才不受欲念誘引而偏倚。

清代學者李顒曾說：「人之病疼各別，或在聲色，或在貨利，或在名高，一切勝心、妒心、慳心、吝心、人我心、是非心，種種受病，不一而足。」心病最複雜也最難醫治，但若能看透「人心惟危」的危機，就有轉機。

儒家的道德標準「中庸」，指的是待人接物保持中正平和，因時、因物、因事、因地制宜。而忠恕的「恕」，是將心比心，以誠心而待人；言行不偏不倚，即符合中庸之道。

從前有位盲人，受邀到朋友家中作客。主人交遊廣闊，來訪賓客甚多，文化水平不一。雖然主人盛情隆誼，要求客人久留把酒言歡，但盲人自覺行動不便、怕影響其他賓客興致，於是提早向主人告辭。

一旁有位賓客聽了，就要主人趕快給這位盲友打個燈籠，以方便平安回家。

盲人一聽，臉上露出不悅表情，內心不是滋味。另一位賓客就替盲人回話：「這簡直是侮辱人，看他眼盲不方便，你還火上加油！」

建議給燈籠的賓客見對方誤會，趕快又說：「我這樣建議，是因爲提了燈籠可以照亮自己又照亮他人，讓其他路人看見，避免碰撞。可不是一舉兩得嗎？」盲人這才恍然大悟，心念及時轉變，臉帶微笑地向大家告辭。

凡事不偏頗是爲中道，「允執厥中」便是這個道理。一道幸福的光，不必等待別人來照亮，自己先點亮。自己內心具有光明的「自性」燈光，尋找一條光明大道，也要幫忙把別人的燈點亮，教導正確道法，給人也有一條光明幸福路。

從言行做起，改變自己，才能增長智慧爲別人點燈引路。只顧修道而對其他人情世故不學、不精進，道心很難堅固。因爲修養的過程，難免遇到不圓滿的人、事、物，讓自己的正直心半途退轉；當失去了初發心，對目標便茫然無方向。

自在心語

光能照耀黑暗，解除心中疑慮，天生具有仁、義、禮、智、信之心，正直心愈旺盛，人心愈善良，道業深廣，言談舉止恰如其分。善心要堅固，先控制人心不散漫；古德言：「聖人求心不求佛，愚人求佛不求心。」正氣要長存，時時點燃心中明亮的心燈，猶如曙光再現。

第六十章
發願

日日發好願，有願有力信心堅定；相信人人具有愛心，信任自己無私心，發好願得好結果。

不幸落海幸運逃生

願力可分兩種，一是願自己能有覺悟，二是願感化有情識的衆生。發好願需有遠大目標，自然增強生命力。

衆生的根機深淺不盡相同，造業多寡也不一，所以獲得的結果也不相同，這都與「心念」密切關聯。聖賢教我們斷惡行善，做事不能存有心機，有心機就造不好結果。沒有心機是爲淨業，淨業的果報自然發生在清淨世界裡。

二〇一三年，青海某位志工在聚會中分享平生的遭遇。他家世代都以捕魚爲業，他也有一艘漁船，收入平穩，過著簡樸小康的日子。

平常都是早上出海，有一天不知何故改在下午出航，當船航行至海中央拋撒漁網，突然感到網子與水流方向相反，行進中的船隻突然猛烈打轉，無法掌控船舵。當時他站在甲板上透風，眼看情況不尋常，而駕駛艙也傳出不正常信號，在捕魚生涯中，從沒遇上如此不祥徵兆，不禁默念請求上蒼保佑，內心不由自主發願，若此航行能平安返航，永不再過著打撈生涯。

漁船在海中打轉盤旋，漸漸開始傾斜，他被魚網絆到腳，捲入海中，與漁獲混在網中載浮載沉。船隻慢慢向岸邊漂流，漁網被一支大樹幹刮破，他幸運地從黑暗水流中脫身，平安遊回岸邊。回憶這一場驚悚海上意外，他直呼不可思議。

有願自然生力量，適時發出能力可及的願望，說到、做到從不食言，終會有不可想像的結局。

自在心語

發大願，要將任何大小的功德，回向給自然界一切生靈。發願不打妄語，不誇大其辭，有可行性、有目標，讓一切有感應，瞬間得到祝福；即使在病痛生死關頭，發願將帶給心裡平和寧靜。

第六十一章

信與解

篤信與理解人間生活的宗旨、方向、理想，親自力行，經過印證而獲人、事、理圓滿。

黑豆與白豆

有信無行不能解，無法明白道理稱爲「迷」；意識不清醒，迷失本性造成許多遺憾。

依我的感想「信解」有二，一是「正向不知」的信解。人間有許多怪事發生，明明生活過得自在無慮，卻整天糾纏是非、懷疑別人。

某先生事業逐漸成長，回家與家人共進晚餐的時間隨之減少，太太心裡感到不安。先生漸漸習慣早出晚歸的日子，可是太太心生疑惑，煎熬度日，苦不堪言。

太太請教鄰居年長者如何改善困惑，對方介紹她到一處神壇，藉籤詩以化解疑惑。神壇人員解說籤詩的大意，太太回家自己反思，心中豁然開朗，原來對先生的疑慮，內心不安是自己的無知造成，因爲不信任才產生疑惑，因疑惑又生迷信。

並非籤詩靈驗，不安的原來是自己的心。「福禍無門，惟人自招」，多些諒解少點疑慮，心想好事，不安自然消除。

二是「負面不實踐」的信解。社會各行各業競爭，彼此與起無明批評；有的人本身不專業，也不想實際去了解，只是藉著言論自由，損傷無辜善良，也誤導許多本來信解的民衆。

古人用黑白兩色豆子，自我測試以端正心念。如有待人不善、口出惡言、心想惡念，或是接觸不乾淨物，都歸類於惡的一方，將黑豆放入瓶中。反之，若是起了一個好的念頭，爲人做點滴的善事，就將一顆白豆投入瓶子裡。經過一段時日，檢視黑白兩色數量各占多寡，省察過往一切，逐漸白豆多於黑豆，即是善業已遠遠多於惡的一方。

自在心語

知識來自聽聞，見解來自思維，信解來自修養。聽聞生智慧，能起覺悟心，遇事了了分明；思維生智慧，經縝密省思，能解萬事萬物本來面貌；人人心中多諒解少疑慮，內心光明無瑕，有信必能解一切疑惑。

第六十二章

大愛

愛不分彼此，要給人有所感覺；寬廣、無限量地對萬物感激，用包容心親近與關懷。

大愛傳遞人間真美善

常言道「大愛無疆」，無私無悔，如傳遞接力棒一樣，愛會感染他人。

一位年輕人開心地在人行道溜著滑板，不小心跌倒在地，幸好有位穿黃背心的工人路過，扶他站起來。年輕人看見前方有位老太太，雙手抱著購物袋，東西掉在地上，立刻上前幫她撿起來，並協助她安全過馬路。此時，老太太看見有位女士停車在旁邊，翻著手提包找不到零錢，老太太很快將口袋零錢遞給了她。

一個流浪漢坐在商店前，看到一位姑娘離開咖啡店時把手機遺留在窗臺，他趕緊追上去把手機還給姑娘。姑娘走往另一條街道，看到路邊餐廳有位老婦人孤單坐在椅子上，就買了一束花要送給老婦人。姑娘正要過馬路，賣花婦人趕緊送上一枝玫瑰，對姑娘的愛心表示讚歎。

接著餐廳服務生看見一位穿著黃色背心的工人走來，她立刻端上一杯水，慰問工人的辛勞。這位工人，就是最開頭扶起摔倒男孩的好心人。這一連串愛的接力，如俗話說的「善有善報」，形成善的循環。

慈濟證嚴法師成立大愛電視臺的初衷，是透過傳播，將愛與美善的助人事蹟廣爲擴散。他常說：「媒體人，必須作爲人們的清明耳目，收集美善面，播送大愛光明故事。」大愛電視自一九九八年一月一日首播以來，就是本著此一信念辛勤耕耘，創意新穎收視率高，頗受觀衆好評。

綜觀慈濟人文志業，以大愛電視臺爲例，是個非營利媒體，其營運資金全靠企業捐款，及十數萬環保志工回收資源變賣所得。志工的努力，感動了人文志業所有同仁，從電視、平面到廣播媒體，製作鼓舞人心、老少咸宜的優質節目，獲得許多獎項的肯定。

自在心語

人具有熱血，需要關懷與溫暖，才不會冷漠無情。一張桌椅，一張廢紙甚至一個廢棄的空瓶罐，都具有無數次再生的生命；愛惜物質生命多次循環使用，荒漠甘泉點滴都是寶物，對待有生命的一切，需要用愛珍惜。盡責態度就是「大」，無私、無我、無相便是「愛」。

第六十三章

輕安

心清淨，心境安然，不隨環境變化起伏；身安逸不放縱，輕鬆無負擔，身心常在舒適愉悅中。

護理師的內心獨白

慈濟醫院心蓮病房（安寧病房），見證許多人性光輝。當病人被確診罹患惡性腫瘤那一刻起，最爲傷痛的應該是患者及家屬，起初患者多數被蒙在鼓裡，是爲了安慰病人、減輕壓力，其次辛苦的就是醫護人員。人生過程，生、老、病雖是自然法則，可是對重病需要臨終關懷的人，從進入心蓮病房那一刻起，病人與家屬心情陷入谷底。

電視訪談中，護理師被問到：「你每天照料病人，病人往生時你有何感想？」

護理師說：「當他還在時，我會在病人面前強顏歡笑；但不幸拔掉呼吸器之後，我會往牆角一邊偷偷哭泣。」

護理師含淚描述一個過往回憶。有一次在她換班回家休息的那天，半夜夢見她照料的病人來到身邊，與她緊緊相擁著哭泣道別，當她醒來，看時間是午夜十一時五十三分，心想該病人的病情應不致如此惡化！隔日到醫院接班，白板上那名病患的姓名已被擦掉，成爲一行空白，查看紀錄簿，病人正是在前夜十一時五十三分去世，與護理師夢境所見一致。

在治療過程，醫護人員時時開導病人，先要學會輕安，明白生命是一種自然法則，有生必有滅，對生命的詮釋如此簡單；但當人不幸遭遇那不可測時，輕安成爲無奈的代名詞，誰都想在病人臨終一剎那，試著挽回一命，卻都不能如願。

醫護人員，在工作崗位上放下感性，表現專業理性；生與死人人都有一次，機會均等，只是遲早之事，有了虔誠信仰與無私大愛，職場再辛勞也義無反顧，更是無怨、無悔，將這分愛人的胸懷視爲天職。

自在心語

生命旅程不斷向前推進，在時間不可逆、物質變化不可測之際，能隨時把握並騰出一點點時空，把心先安住下來，保持身體輕盈安然。再辛苦的工作從不抱怨，不被外來境界干擾，對生死的事尤為清晰，心中沒有煩惱，大愛甘泉不斷揮灑。

第六十四章

讚美

好事多美言，好人常歡顏，讚美別人恰到好處，帶給人希望，給自己成長。

聾人聽歌

讚美就如一股暖流，在心靈產生熱能，它是催化人人成長的良方。

讚美是功德，禪宗六祖云：「內心謙下是功，外行於禮是德。」時刻存著感恩和懺悔的心，對一切順逆細微觀察，用開懷的心去關注，免除了許多內心苦惱，是內修外行功夫。

有某個合唱團正在招生，一個小女孩聞訊趕往報名，因爲身材矮胖，無法通過錄取，感到十分失望。小女孩躲在公園裡傷心哭泣，不懂自己爲什麼不能去唱歌？難道是歌聲不夠美？

失望之餘，她在公園唱了一曲又一曲的「讚美」歌謠。突然從不遠處傳來一陣掌聲，並且說：「唱得眞好聽！謝謝你小姑娘，讓我度過了一個愉快的下午，你的歌聲讓我重啓生命希望，從今起我不再是一個孤獨老人。」這是一位親切的白髮老先生。

幾年後，女孩長大了，美麗窈窕，成爲鎭上著名的歌手。她心裡始終懷念公園的白髮老人，因爲老人的激勵增強了她的信心，才能鼓起勇氣繼續前進。她特意到公園尋覓這位親切友善的老人，但大失所望，只見一張孤獨的靠椅在，唯獨不見老人蹤影。打聽後才知道老人早已過世，來自公園裡一個知情的人說：「他是個聾子！」

女孩十分驚愕，原來老人的熱情讚美是爲了鼓勵她。一場偶然際遇，一句讚美改變人的一生。

人人都渴望被別人讚美，這是人的心理需求。如果沒有老人的讚美，女孩也許就埋沒了她的才華，失去生存的勇氣。讚揚是認知行爲的催化劑，它能振奮上進心，激發人的積極性。

自在心語

用讚歎傳達美善，讚美可化解彼此疑慮，拉近距離；還可提高士氣振奮人心，是建構互信的橋梁。

第五篇

談修養與人間幸福路

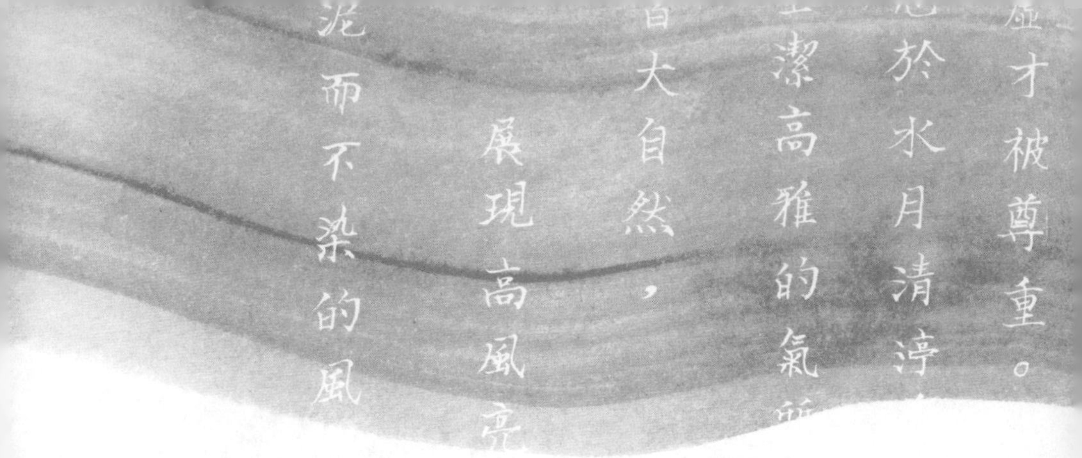

子曰：「視其所以，觀其所由，察其所安，人焉廋哉！人焉廋哉！」

證嚴法師說：「要做個受歡迎、被愛的人，必須先照顧好自己的聲和色；面容動作、言談舉止，都是在日常生活中修養忍辱得來。」

丁霖的話：「一個人的修為，在於言行是功，涵養運用在生活是德，實踐信、解、行、證四步驟，自然功德圓滿。」

孔子的學生曾子，每天多次反省自己有沒有做到「為人謀而不忠乎？與朋友交而不信乎？傳不習乎？」古希臘賢人亞里斯多德，把教育和修養看作是人們能否具有美德的重要條件。美德在於自我省視是否有慚己愧人之處，有則改之，身心輕安。

刻意去崇
或物，
有成就應
學習榜樣

品味人生從過去到現在，知其一生，看見未來，從隱藏心中的思維到外表舉止。孔子說，「人有五儀，有庸人，有士人，有君子，有賢人，有聖人。審此五者，則治道畢矣。」能掌握這五種人各自不同的特性，也就能自如地識人、用人了。

愛人，是以歡喜心與對方心思感應；被愛是幸福，來自好習氣的培養。以清淨智慧愛護天下蒼生，真情無染，真愛無悔，養性來自恬安淡薄，修忍辱篤定功夫，如此好習氣才是真正福氣。

施給貧者一份糧，給沙漠正缺水的行者一瓢水是功，內心慈悲不忍眾生苦；遇見不法或行為乖張不文明者，給予適度規勸是德，形象端莊涵養舉止，其言行可感人可化人。

第六十五章

居安思危

生活求安逸是人之常情，未雨綢繆是必然，知「是日已過，命亦隨減，如水少魚，斯有何樂？」把握分秒不空過！

不要「幫助自己」

一九九九年八月十七日，土耳其伊斯坦堡以東發生芮氏規模七點二強震，死亡萬餘人，五十萬人無家可歸。慈濟的援助緣自當地臺商胡光中的因緣，他是一位虔誠的伊斯蘭教徒。

當時胡光中在臺灣媒體刊登斗大標題〈土耳其地震，臺灣在哪裡？〉一文，引起了慈濟的注意，我從英國與首先趕到的四位臺灣志工會合，進行勘災。

九月二十一日當天住宿在胡光中家，臺灣時間凌晨一點四十七分發生強震；隔日本會黃思賢仍率勘災團抵達，餘震不斷中，展開災後協調事宜。

經勘災團與當地政府協調，取得土地搭建簡易屋，以最快速度，讓災民得到安身之處。

這一連串行動帶起愛的回響，臺灣發生大地震，土耳其救難隊迅速抵達臺灣中部，帶來當時臺灣還沒有的「生命探測器」投入搶救。

當土耳其地震後，慈濟人上街頭爲災民募款，有人疑慮說：「不知土耳其在哪裡？慈濟爲什麼要幫助外國，不幫助國內？」這些人不知世間無常，不知居安思危，其實愛心不分國界，在九二一地震後，慈濟投入大量精神重建災區，一時眞應驗了「幫助別人」就是「幫助自己」。

自在心語

要提高警惕，以防禍患，安逸使人放逸，放逸容易放縱；人無法預知未來，而未來是順或逆深不可測。先做好心理準備，防患於未然。

現實生活裡放眼天下，今日安逸似紅花的風光，明天可能成為黃花謝滿地的困境，以此作為借鏡。

第六十六章

迷失

做事過於主觀，行事曲折難安，安於現實可能失去寶貴的未來，缺乏辨別能力，總在黑暗中摸索，進退無路。

不增不減的幸福

《論語．雍也》子曰：「賢哉！回也。一簞食，一瓢飲，在陋巷，人不堪其憂，回也不改其樂。賢哉！回也。」這是老師讚歎弟子的賢德！顏回吃的是粗茶淡飯，住在簡陋的小房子，卻一點也不憂慮，仍然埋首於學問爲樂，安貧樂道的精神令人感佩。

有一人家養育六個孩子，加上女婿，共同生活在一間小茅屋，侷促的條件令他們頗感困頓，於是四處尋找名師解決。

當他遇見名師，說道：「我們全家這麼多人，只有一間茅草屋，不能遮風蔽雨，彼此爲了居住整天爭吵不休，我都快崩潰了，家裡簡直像是牢籠地獄，再不改善就要被悶死了！」

名師聽後說：「按照我的方法去做，就會變好！」名師知道這窮人家，還養有一頭牛、一隻山羊和一群雞鴨，就說：「有個快速解除困境的辦法，你把所有的禽畜全部帶進屋裡養，與全家人共住。」

窮人大爲震驚：「那怎麼行得通？」無奈沒有其他辦法，

只好依計進行。

幾天後，窮人滿腹委屈來找名師：「你出的什麼壞主意？這樣生活比以前更糟糕，我家已經成了徹徹底底的黑暗地獄，你得想辦法負責！」

名師不慌不忙說道：「你把那些雞鴨趕出去，房屋不就寬大些了！」

不久窮人又來了，他哭訴說：「那隻山羊撕碎房裡所有東西，眞是苦不堪言！」

名師說：「那把山羊牽出屋就好了。」

幾天後，窮人覺得沒改善，他無奈說：「乳牛把屋子搞成牛棚，人要怎麼住在裡面？」

名師雙手一拍說：「對極了，趕快回家，把牛也牽出屋外去。」

事隔幾天，窮人興沖沖跑來，開心地拉住名師的手說：「這回是來謝謝你的，你又把我甜蜜的生活找回來。現在所有的動物都趕出去了，屋子顯得安靜，那麼寬敞乾淨，我心裡實在開心啊！」

對生活充滿希望的人也充滿喜悅，視個人能力設法改善當前環境，而不是迷失方向茫然無目標。幸福與否，不是絕對的，目前處境雖然欠佳，但不是最糟糕的，調整自己的心態，鼓起勇氣與信心，就能有所改變。

人事之間最好不比較，有比較就會生計較，當自己不如人時，每一件事物都會以我為中心，找機會予取予求，是件可悲的事。

自在心語

人一生都處在挑戰中，隨時迎接困境，一家人同舟共濟患難與共。腦筋清醒辨別所面臨的環境，認清方向把握機會，作最佳抉擇，會發覺自己比別人幸福。

第六十七章
信仰

有正面思想而深信，自信不迷生力量，保持鎮定，以平常心觀察事情始末，終能克服逆境。

愛的教義

人世間有愛有緣，能共聚一起成爲愛與善的團體，同心協力發揮愛心，合作無間，喚起大衆愛心，讓大愛持續增長，共同爲苦難的人付出。

沙迪亞．賽．巴巴，一九二六年出生於印度，創辦國際組織沙迪亞賽，年輕時就以重視人類價值爲使命，落實慈善、醫療、和平等教育。他在國際間推廣「眞理、正義、和平、愛、非暴力」五大價值，特別注重心靈的教育。

他曾說：「心是最難改變的；教育是心對心的心靈教育，不是人對人的教育。」這個團體將愛的教育扎根於印度，不隸屬任何宗教也不傳教，卻融合所有宗教的教義。

一個充滿希望、有愛的人，才可能獲得最後的勝利；心中有什麼樣的信仰，就會得到什麼樣的結果。

三隻老鼠從樹上掉到水缸，爲了逃命各自設法，由於水缸積水多，缸面圓滑根本無法逃脫。

第一隻老鼠跳躍一段時間後疲憊不堪，認爲這是上天的安排而絕望，自己無法改變命運，於是放棄了自救，被淹死了。

第二隻繼續掙扎，在精疲力盡時看到一隻老鼠已經死去，認為自己再掙扎也無用，牠也放棄了，被淹死。

第三隻沒有放棄希望，牠相信沒有人能救牠，只有靠自己才能自救。牠用力地跳到兩隻死去的老鼠背上，使盡全力終於逃出。

愛護生命是人的本性，心中有愛便產生什麼樣的信仰，就會得到什麼樣的結果。只有充滿希望的人，才可能所求如所願獲得勝利。

自在心語

信仰非侷限於某宗教層面，廣義的說，致力做正當事，力量皆源於信仰。它是一種期待亦是渴望，領導者需展現智慧、品德，用愛帶給人類心靈安詳、免於恐怖，讓心靈富足，群體平安幸福。

第六十八章
動與靜

動與靜是一體兩面，體是大自然本體，有體則有形相、作用；心生好念遠離惡念，善惡存乎動靜之間。

善良是心靈指南針

戰國時代的鄭國人去開採玉石時，必須要帶上司南（指南針）避免迷失方向。

十八世紀初，有考古隊冒險欲穿越死亡路徑，沿路上發現許多骸骨，這些都是之前不幸遇難的探險者。領隊請大家停下將白骨掩埋，並虔誠致哀，卻因此耽誤了預定的到達時間。

隊員們忍不住有些抱怨：「我們的任務是來考古，不是來收屍骨的！」

經過一段路程，他們發現一批寶貴文物。正當準備回程之際，大白天突然昏天暗地刮起大風，沙層從地表捲起，無法辨別方向，指南針也失靈。隊員焦急惶恐，領隊意識到面臨危險，即刻要大家冷靜，仔細尋找沿路上為亡者所做的土堆，以土堆為標記找回去，果然幸運返回營地。

考古隊接受媒體訪問時，隊員們對於這回能夠死裡逃生，深深感慨地說：「原來善良，是為我們自己留下路標。」

人生道上，在動靜細思中，有許多機會讓我們不迷失方向；善念一起，是一次機會，也是心靈指南針。

自在心語

心寧靜，在寒冬也感到溫暖；心煩亂時，寒冬也覺得燠熱難耐。心躁動必然坐立難安，如何做到靜中有動、動而不躁？動中不急，從容而不迫，從安穩而恬靜的心做起。

第六十九章

寂寞

人與人交往，說鼓勵的話，主動入人群分享人生經驗，說出內心眞誠話語。

皇后得了缺愛症

學習從安靜處修心養性，從痛苦中尋找答案，人生苦澀就漸漸退去。苦與樂都「靜心」感受，在苦難偏多的環境裡，不論皇親貴冑或販夫走卒，一旦偏離正念，即是苦難的開始。大覺悟者，能把握剎那間覺醒念頭，發現「覺」來自於「心」。

後唐時期，宮內爭奪位分，皇后煩心鬱悶，傳出她得了絕症。皇上下令，四處尋求名醫幫皇后治病，但皇后始終不相信此病有藥可醫，因此一一拒絕。

此時有位鄉下姑娘，生性聰慧略懂醫術，經過推薦趕到皇宮，希望能幫助皇后。

名醫聚集討論之時，姑娘參與其中，但她過於年輕，並不被看好。

皇上來到大衆面前，說道：「誰能治好皇后的病，男的賜給都邑，若是女的可爲宮中嬪妃。」

姑娘自信地對國王說：「皇后的病沒有誰能治，只有皇后本人可以治好自己。」

皇上帶著懷疑反問：「要如何自己治呢？」

姑娘說：「這乃是『無明』病，可以無藥自癒。」皇上大表驚異。

姑娘又說：「皇后的病，只要有人陪伴，讓她開心就可以康復。」皇上終於理解原來皇后得的是寂寞症，因缺少愛和關懷而引起。

皇上宣布，今後由姑娘作爲皇后的侍者。姑娘隨侍皇后身邊，以種種方法讓皇后開心，和皇后相處得十分融洽。

不久皇后心中感到充實，與皇上感情更和睦，不再鬱鬱寡歡。短短數個月，皇后的病不藥而癒。

自在心語

人不能離開人群，心寂靜，但身要與人互動。人從安靜處養心，用愛彼此關心，以尊重、包容增強信心，以愛理解、溝通。所謂「心病需用心藥醫」，當身心清淨又健康，人有了幸福感，自然感到世間萬事太平。

第七十章 修行

除去舊習性，猶如樹幹需要修枝剪葉；心若像蓬草則隨風飄散，草經過淬煉之後可以治病。

孝子眞修行

行善、行孝是修行根本，行善是以身作則，人人做好人，時時行好事。

家住臺灣南部的陳順興，母親經歷癌症手術後，行動需仰賴輪椅代步；父親也因中風心靈受到折騰，需要人扶持。他陪伴母親到醫院洗腎、爲父母洗澡，到菜市場撿拾菜葉度日。

陳順興天生患有腦性麻痺，五歲時又因誤觸高壓電，之後常無預警癲癇、休克，神經肌肉緊繃、行動不便、教育程度低求職困難，但他能自理生活，扛起沉重家務。歷經十餘年孝行不輟，鄰里譽稱爲孝子。

二〇〇四年，他的孝行受到肯定，榮獲「孝行獎」。在此之前，慈濟志工得知他的困境，給予精神鼓勵及物資協助；父母相繼往生後，陳順興頓時寂寞、失落，志工又邀他到社區做環保，讓他走出心中陰霾，重拾歡喜踏實的人生。

廣義的修行，不一定要出家或到寺院誦經拜佛；自我教育建立信念，從生活中力行簡約，修心養性走入人群，自度還可以再度人。

自在心語

涵養性情從修心開始，修心始於行善孝。孔子說顏淵「得一善，則拳拳服膺而弗失之矣」，心中時時有善念，有機會就伸出手腳去做，行善行孝不能等待。

歲月不留人，再回頭已百年身；是日已過，壽命隨之而減，把握時間修行，達到理想境界，從人的思想、言語、行動，日日除舊布新。

第七十一章

心與行

內心靜寂從容應事，外表動而不急躁；心寂靜思維敏銳，行爲端莊，達到理性、感性平衡。

朝三暮四心行不一

明朝理學家王陽明，晚年總結其有關「心」的論述，提出「無善無惡心之體，有善有惡意之動，知善知惡是良知，爲善去惡是格物」，知行合一如是也。

知是事的開始，動機是行。知行合一的知，不僅僅是知識，是知道又認同，重要的是表裡如一、說到做到，做事做人之前，先掌握自己的目標，需要通過各種修行手段，依照教理逐步修心養性。

心與行表裡不一，容易自欺欺人，愚弄別人的同時也愚弄自己。

一個愛猴者，他明白猴子的習性，早上給猴子三個蘋果，晚上給四個，猴子會不開心，反之，如果早上給四個蘋果，晚上給三個，猴子會以為多一個，就覺得滿意。這是「朝三暮四」成語典故的由來，猴子被愚弄還十分高興，人類其實也常和猴子一樣，自己被愚弄而不自覺。

商朝紂王的叔父比干，自幼聰慧習武，擔任少師（宰相）

十餘載，主張減輕賦稅徭役，發展農業畜牧，使國家富強，人民安居樂業。

紂王暴虐無道，比干直言勸諫，引起紂王暴怒。傳說紂王在朝廷上剖開比干的心，要看忠臣的心是不是紅色的，剖開之後果然是赤心忠貞，但紂王不爲所動，一旁的妲己順手將心扔在地上給狗吃了。

此時可憐的比干已經沒了心，但姜子牙以法術護他不死。飄忽之間比干走出皇宮來到菜市場，見到正在賣「空心菜」，就問菜販：「這菜沒了心還能活嗎？」

菜販回答：「空心菜沒有心還可活，但人沒有心會死。」比干一聽驚叫一聲，吐血倒地回天乏術。

道家莊子說：「哀莫大於心死，而身死次之。」一個人要忘了自己，也忘了過去，除非大有修為的人，不執著過去也不妄想未來，具有無我之心；如果心死，一切就無希望了。

有些人以各種手段傷人，有朝一日，別人也以同樣手段陷害你，如上述對付猴子的手段，其實也是愚弄自己。

物質不過是幫助我們維持生活，若不懂得節制，只會讓自己的行為招來非議，帶來煩惱。想過幸福安穩的日子，不能有非分之想，取物適可而止；否則貪念一起，如掉落深崖，無法自救。

自在心語

陽明學說「心即是理」述說「知與行」的關係，強調要知，更要行，知中有行，行中有知，即所謂「知行合一」，二者互為表裡。道理必然要實踐，不行則不能言知。

修心法門，首先遠離嫉妒、自私、貪婪、浮躁、悲觀、傲慢等心靈的雜草；用心修行需要進取、樂觀、友善、鼓勵、扶持等正能量。世上最寶貴的財富不在遠處，就在心靈之中，肯伸出援手助人，達到心與行平等。

第七十二章 煩惱

大小事憂愁不斷，常對人發脾氣，給自己添生怨氣。

貪生與貪吃的下場

人間是非多煩惱就多，幸福就少。是非多半是自己造成，因為煩惱從貪、瞋、癡、慢、疑心起，做事容易因小失大，產生矛盾、衝突、消極，凡事抱著負面態度，想不開放不下；或自私自利貪小便宜，這是造成不開心主因。智慧與煩惱如天平的兩端，煩惱多，智慧就少。

一架飛機乘載四個人，飛行員、醫師和一對父子。飛行途中突然一陣亂流，飛行員宣布：「我會想盡辦法控制，如果無法掌控時，最後唯一可救命的是降落傘，但不巧機上只有三個降落傘……」

緊張時刻，飛行員說：「我還有許多任務要執行！」就帶著一個降落傘跳出去了。

醫師見狀也慌張說：「我當醫師的職業是救人，許多病人正等著急救！」不顧父子的安危，他也拿了一個袋子奪門跳出。

此時，父親安慰兒子：「爸爸年紀大了，你還年輕前途無量，最後一個降落傘你就使用吧！」

兒子聽了不慌不忙，對父親說：「我們不必擔心，剛才那位醫師拿著我的書包跳出去，還剩下兩個降落傘可以用。」

另有一對自私自利夫妻，生活平庸，生性好吃懶做，常常為了吃而起爭執。家裡只剩三碗飯，夫妻兩人各吃一份，接著為了下一餐而傷腦筋。

先生說：「為了公平起見，按照每天工作量，決定誰能吃最後一碗飯！」

太太趕緊說：「最後這碗飯應該屬於我，我做家事較多又辛苦！」

兩人相持不下，最後先生說：「總要有個輸贏，誰能從現在開始到晚餐時都不說話，飯就屬於誰，誰先開口誰就輸。」夫妻倆就這樣約定閉嘴不說話。

傍晚時分，小偷進到這個屋子，看到夫妻倆默默無語也沒有反應，就進到屋裡搬東西，搜括値錢東西打包帶走。

夫妻見到仍一語不發，小偷看到太太頗有姿色，一時起非分之想。先生還是默默不說話，等到太太被非禮已經到了危急情況，太太終於被迫出聲：「難道你都沒看到嗎？這個人想要侮辱我！」

先生接著就開口了：「太好了，這碗飯是屬於我的了！」這對夫婦做出愚癡決定，爲了一碗飯，竟然不顧大局。

世間凡夫，愚癡、貪欲煩惱是非多，只爲了微小的名利，丟失自己的智慧與生命。保持心靜容易辨別是非，過於自私，會使人變得孤獨，失去別人的信任，也失去自身的尊嚴。

自在心語

做人從內心求，不時反躬自省；做事從外求，學習別人優點自立自強，相信自己的能力，假以時日可以出人頭地。做學問、謀技藝或修行，能領略生命活力，靠定力做後盾。

第七十三章
慈悲

大慈無後悔、大悲無怨言，是對人或物所表達的承諾；願同甘共苦，發揮人傷我痛、人苦我悲情懷。

慈悲的老樹

同情不等同於慈悲，它是對人遭受痛苦或發生災難，從關心與理解生起同情心；而慈悲是在相同的同情心之下，更進一步獻出愛與關懷。

慈悲生無限的能量，它就是一個巨大的能量場。

二〇一七年十二月，慈濟對大陸東北地區的冬令發放，在吉林永吉縣遇上一場大雪，零下十五度的低溫停電缺水，志工排除萬難在現場爲遠道而來的鄉親提供熱粥，給等待已久的鄉民帶來溫暖。

此時在南半球的南非，志工也親手把物資卡和毛毯，送到十月底遭受暴風雨侵襲的災民手中。他們傳遞了溫暖，也找回種族間的互助團結，彼此的心更加靠近。

同年，墨西哥發生強烈地震，志工在耶誕節前夕慰問災民。參與發放的志工大衛說：「一位太太告訴我，她的兒子在地震中往生，自從兒子往生後，從來都沒有人幫忙過她。她擁抱我，並且告訴我，她感覺我就像她的兒子，這讓我感動也覺得很榮幸。感謝我的母親給予我生命，能在這裡和慈濟人一起，給予別人更多的愛，眞的很幸福！」

慈濟的這分援助，包含關懷、愛和慈悲；發出一片眞情，爲苦難者付出，便是智慧。

遠古的印度，有個專橫跋扈的國王，有一天國王下令要建造一座新皇宮。工匠領班稟告國王，必須選用千年的大樹作爲建築材料。國王傳令下去，必須尋得這樣一棵大樹，後來在茂密的原始森林，果然找到了一棵千年老樹。

這棵參天大樹氣宇非凡，屹立在群山叢樹之間。臣子向國王請命，大樹年代久遠、長成不易，砍了實在太可惜！

國王不予理會，下令工匠翌日就行動。不料當天夜裡，國王熟睡之際，老樹精靈走進了他的夢裡，懇求國王手下留情，別讓它的千年修行毀於一旦。

國王還是不答應，認為拿有靈氣的老樹來蓋宮殿，豈不更加神氣。老樹精連聲嘆息，接著又和國王商量：「唉，我也老了，陛下要砍就砍吧！只是要求陛下，能不能不要從根部下斧，您讓工人從我頭上往下砍，行不行？」

國王大為不解。老樹就解釋：「若從根部砍伐，當樹倒下時，勢必會壓死周邊無辜的小樹和蟲蟻。就請陛下成全我吧！」國王驚醒過來，頓時感到萬般羞愧，立刻收回砍伐大樹的命令。

大樹臨難之際發慈悲心，殷實可以借鑒。人世間，在名與利的追逐之中，難以理解慈悲的真正意涵。發慈悲心，必須善用智慧，否則就成為濫好人。

自在心語

慈悲為懷，濟世救人，是人類普世價值；禪宗的境界裡，即使身處險境，仍悲憫於蒼生的冷暖與苦痛，這是人的修為所感。一般人雖然難做到榮辱不驚、大義凜然，但可以隨分施捨給需要的人，對弱勢者多一點關懷，如實傳揚教理，造福後代子孫。

第七十四章
智慧

做好事能長智慧，閱歷愈多見識廣泛，做事做人穩當實在，掌握機宜，以敏銳思維做出成功抉擇。

一加一大於二

智慧可以深刻理解人、事、物的過去、現在及未來，擁有思維、解析、探索眞理的能力。

有智慧的人不易誤事，潛藏著強烈的自知覺性，遵循是非的準則。智慧來自人的一生不斷努力，外修內行的涵養，達到人格昇華境界。因此智慧涵蓋聰明，而聰明不一定有智慧，兩者並不等同。

有一個父親教導兒子經商之道，他說：「我們唯一賴以爲生的財富就是智慧，當有人對你說一加一等於二時，你應該想辦法讓一加一大於二。」

他們父子在美國德州經營銅料生意，後來父親過世，兒子接手經營，製造銅鐘、錶、彈簧片等產品。一九七四年，政府翻修紐約自由女神像，公開招標處理銅、木頭等廢料，得標者必須如期完成，否則要繳納高額罰款。

他得知消息立刻趕來投標，得標後受到同行譏諷，認爲廢料處理不當可能會引起環保團體抗議，根本吃力不討好。

他發揮智慧，先將廢料進行分類，首先將廢銅熔化，鑄成小的自由女神像，拆下的木頭做成紀念品底座，再把鉛料做成鑰匙圈，最後把廢土灰燼，銷售給園藝商店當盆植，兼顧環保、美觀與利益。

人不因爲有知識就可獲得財富，而是必須經過縝密思索，將知識運用成爲智慧結晶，利益分享顧客。智慧是永恆的財富，它引導人通往成功。

廢棄物一樣存在它的價值，垃圾亦能變黃金，從廢棄而復生，延續物質生命，減少資源浪費，造福全人類。

目今全球重視環保，如臺灣大愛感恩科技，通過成千上萬環保志工，將資源回收，化無用爲大用，產出能救人的產品，將寶特瓶做成毛毯等等。全球慈濟志工響應「垃圾變黃金，黃金變愛心，愛心化清流，清流繞全球」，將口號化爲行動，致力於資源回收，成爲守護大地的典範，是典型以知識轉成智慧的例子。

自在心語

智是分別善惡，慧是平等相待。做善事運用智慧，不分貧富貴賤；見壞事以智慧引導，知錯能改是大善。智慧是理事圓融根本，智者淡泊名利，肯定幸福與金錢、權力、地位等外在條件無關，故智者能隨遇而安，不追求物欲，過簡約生活，自在無憂。

第七十五章

有所作為

凡事知所進退，立願做他人心目中的貴人，成爲能幫助人的善人。

盧安達大屠殺的啓示

子曰：「不得中行而與之，必也狂狷乎！狂者進取；狷者有所不爲也。」孔子說，如果找不到奉行中庸之道的人和他交往，只能與有志氣而一味直進與有氣節而個性有些孤高的人交往了。人群中以和爲貴，莫因利益或意氣糾葛，引發不必要的傷害。

一九九四年四月，盧安達境內發生胡圖族對圖西族人展開的百日大屠殺，導致全國七百萬人口裡，有五十至一百萬人被奪去性命，是近代史上前所未有的慘烈傷害。

盧安達大屠殺遠因是種族之間的矛盾，政府控制的廣播電臺，大肆散播對圖西族的憎恨，背後又有西方殖民勢力介入，最終造成此一慘絕人寰的種族鬥爭。

恐怖的大屠殺結束後，聯合國才增加救援人員，並提供了醫療救助。

慈濟基金會，響應法國的世界醫師聯盟呼籲，即時參與國際慈善團體，一起投入救援行動。當時我旅居英國，隨團至法國與醫師聯盟人員會合，採購緊急救助藥品，專人專機送至盧安達；而臺灣慈濟醫院的醫師，也抵達難民營展開救援。

有為的人間世事，災難源頭唯心所造，是權力箝制而生恨。慈濟證嚴法師說：「要滅掉煩惱、歧視，一定要開闊心胸、撫平心地；心中要有覺悟的道理存在，才能伸展愛的人間，才不會有這樣殘酷的傷殺。」

大時代裡更要明辨大是非，記取歷史遺留的教訓，唯有消除對立，用愛弭平傷痛，人類才能平安幸福。

自在心語

一切事物因緣而生，因緣而滅。因緣來自人、自然界等，因緣變化輾轉復成所見的自然界，這一切相互造作，是有所為而為之；未來希望有良好因緣，先要廣結當下善緣。

宇宙中的萬事萬物都具有平等的性質，人融入於萬物之中，從而與宇宙相互依存。人群是生命共同體，不分種族，應本著和平共存共榮，發揮大愛精神。

第七十六章

命運

生命是父母造作之因，命運好壞交給自己；今日的果是昨日的因，好因果創造好命運。

利益之下黑暗多

人的一生，不論事業、家業、志業當中，難免遇到諸多不如意事，遭逢挫折，能經得起挑戰而不被困難打倒，人生就有新局面。

一枝草一點露，每個人生長在不同家庭，其命運截然不同，結局也各異。爲人處事須學會傾聽，且用心、專心、細心，那些會說、也能做事的人，甚至看臉色辦事也是一種能力，懂得傾聽是高度修養。

一九七〇年代，臺灣經濟正逢起飛，各行業蓬勃發展，帶動家庭收入。營建業建商搶建，當年所謂「販厝」，是簡單、大衆化、低廉、多數人買得起的成屋。這個行業是工業的火車頭，帶動周邊產業如鋼筋、水泥，尤其是磚頭的需求。

當時臺北林口地區，土質適合製磚，以煤爲燃料，磚廠盛極一時。

聽聞其中一家磚廠，在某月底發工資時，會計小姐告訴老闆，除了當月薪資，她還要另加五百萬元。

老闆聽了語帶輕鬆說：「別開玩笑，要生產多少磚頭才可賺得？」

會計小姐一臉嚴肅，老闆才知道她是說眞的。

老闆認爲多年來對待會計不薄，不懂她爲何突然提出這種要求？

會計這才說：「我爲公司甘冒牢獄之險，虛報假帳，這區區五百萬不算多！之前已忠告多次，老闆不但沒改善，反而變本加厲，我已經將假帳複印留存，其他的你就自己看著辦！」

會計這一招，給老闆當頭棒喝，驚醒夢中人。人帶有習氣，久而久之成爲自然，人與事之間把方便當成隨便，不應該的也認爲應該。

會說好話是能力，學會傾聽是修養，學會「節制」是智慧；修養先修節制，有制約便可翻轉人生命運，但必先改變自己的修養和習氣，人生才有翻轉機會。

自在心語

儒家的天命觀、道家的自然命定論、佛家的因果論、基督教的上帝決定論及伊斯蘭教的前定說，人總是不信命運，最終又向命運低頭。其實，人的命運隨時更動，其基本來自家庭、個性與特質，天賦良莠資質、人緣、婚姻以及努力程度，都會決定一個人的命運。只要端正心念，其他盡人事、聽天命，命運總是掌握在自己的手中。

第七十七章

聲望

忠心厚道樂善好施者，好名聲衆望所歸，能啓發別人，是福德智慧的好榜樣。

白天鵝與黑天鵝

屈原《楚辭．漁父》：「舉世皆濁我獨清，衆人皆醉我獨醒。」衆人都沉醉在一個自以爲舒適的環境裡，而智慧高、見識過人者，能意識到不可測的未來。

歐洲、北美洲人從來沒有見過黑天鵝，公認天鵝都是白的，直到人們在澳洲發現黑天鵝，歐洲人的想法因此大轉變，從此黑天鵝被傳爲不吉利的象徵，如傳說中的烏鴉一樣。

這次翻轉造成人們心理劇烈的震撼，因爲所有的天鵝都是白的，有事實爲證，但還是被推翻。

人們自己習以爲常的事，有可能是誤導，從未思考過成功假象的背後，失敗簡直易如反掌。

人間事，不知道的事比知道的事多。從美國雷曼兄弟事業的發跡談起，一八四四年二十三歲的亨利，從德國移民到美國，直到二〇〇八年經過最後輝煌時期，國際聲望如日中天席捲不少財富，但好景不常，不幸商場中有黑天鵝降臨的一天。

二〇〇八年九月，受到次級房貸風暴影響，在聯邦準備局拒絕提供資金援助後，宣布破產，負債六千多億美元。接著產生骨牌效應，全球股市狂跌。

這場隱藏性弊端，終於一夕間爆發，曾經自詡金融界泰斗，被譽稱一隻巨大的白天鵝，瞬間卻如潮水一瀉千里，殃及全球無數投資者；曾經業務跨足五大洲，因貪婪操作失當倒閉，受害者不計其數。

類似上述的事例，古今中外層出不窮，最終結果正如《金剛經》所示：「一切有爲法，如夢幻泡影，如露亦如電……」一時風光是假象，並非永恆。

自在心語

眾人都仰慕好名聲，被人稱羨得到鼓勵，做好事聲名受到讚揚；做壞事惡名難以掩飾，再細密的蛋殼總有空隙，聲名總會從門扉中洩流而去。

人生態度，有人已知向善行，也有人明知是惡，還是執迷朝惡方向走，有如飛蛾撲火一般危殆。

第七十八章

平安

人、事、理三方圓融，心平安，不與人、事爭，不強詞奪理力爭；人人平等，智慧無分高下，平淡安和樂利，平安享福一生。

平安夜裡的足球賽

西方有一諺語「No news is good news.」，聖人云：「恬安淡泊，無為無欲。」說明大地安詳，四季運轉順暢。

人體的四大調和，是身體、呼吸、血液通暢、體溫正常。

人心的四大調和，首先要做到身心調和柔順，做事就能平安順心。再來是妄念減少，不貪圖小利，人際之間友善謙和。人心若調和，所在之處就會土地肥沃植物茂盛，風調雨順人人平安。

一次世界大戰的冬天，在德英、德法的戰場上，都曾有過「聖誕節休戰」的自動停火行動。

首先在比利時戰區，德軍在平安夜裝飾戰壕，放下武器槍砲，走出壕溝唱起聖誕頌歌。士兵交換禮物如香菸、酒等；戰地牧師帶著雙方用英語和德語一起做禮拜。聖誕節當天，在無人地帶，英德雙方士兵將各自的死難同袍帶回安葬。隔年的平安夜，再度自發性的停火與歡唱聖誕歌後，雙方舉行了友誼足球賽。

有一德國軍人理查，寫下了在一九一五年十二月發生的經過：「當聖誕鈴聲從山脈一端戰線後方的村莊之間響起……一件和平的事不可思議地發生，德國與法國軍隊達成了和平，停止交戰。由於這場友誼舉動迎合雙方期待，在聖誕節結束後，他們仍是好友。」

理查思考著將來能否有個「讓不同國家，具有遠見思想的年輕人，能夠彼此交誼的場所」，於是在戰後的一九一九年，他創立了德國青年旅館協會，這將是「國際青年之家」的濫觴。

東西方雖有不同信仰，但相信唯有愛的能量，才能化解仇恨，帶來和平；只有彼此包容與諒解，才能淡化恩怨，帶來永久平安。

自在心語

生活在沒有恐懼不安，沒有疾病、殘缺、牢獄、飢荒；凡事無憂、無悔、無怨、無求，無災難風調雨順，就是平安。

平安建立在信任、和平、友愛、真誠的基礎上，不是口號，而是蘊藏心中對人類平等、自由、安定的渴望。

第七十九章 幸福

快樂是幸福的基礎，簡樸生活量入爲出，樂道助人，無憂無慮才是福中之福。

爲幸福鋪路

某城區經常看見一個婦人背著竹簍，穿梭人群呼叫擦鞋，生意忙碌時就固定在路邊。她一邊給顧客擦皮鞋，一邊注意著身旁的竹簍，竹簍裡花布蓋著的是她的小嬰孩，竹簍邊掛著奶瓶，風吹不時搖晃，這才看出裡頭有個小孩子。

爲了求生存，她含辛茹苦帶著孩子工作，這位生性樂觀的媽媽，正在爲孩子的幸福未來鋪路。有人好奇地問起，她嘆口氣回答：「揹著娃兒出來擦皮鞋，是出於無奈；炎熱高溫的天氣，大人都受不了，但他都乖乖睡在簍子裡。我何嘗不想讓孩子過得好一點，更希望將來有機會讓他念書！」母愛的眞情與可貴，如此辛苦是爲誰尋找幸福？

電影導演沃爾特爲了尋找新片中合適的演員四處奔波，一天經過首都車站時，一個大約十歲的男孩提著擦鞋箱過來，問他要不要擦皮鞋？他搖頭回絕。

不久男孩追過來說：「親愛的叔叔，我整天沒吃東西，可不可以借給我幾塊錢，不久會還給您的！」導演心想在這地方，以這樣方式騙錢的人太多了，就隨便給點錢打發。過了一段時間，導演又經過車站，看見一個臉上黝黑的男孩跑過來，連聲喊著叔叔。他認出是之前借錢的小孩，心想難道又要故技重施？

男孩滿頭大汗，手中握緊著東西，他說：「我在這兒等您很久了，很高興今天終於見面，這是之前所借的錢，還給您！」

男孩張開手中已握得溼潤的錢幣，導演心頭流過一股暖流，受到很大的感動。此時導演正籌拍一部有關小男孩追求幸福的電影，靈機一動，告訴男孩：「明天你到我市中心的導演辦公室來，我會給你一個驚喜。」

第二天，大門警衛傳來信息，門外有一群衣衫襤褸的小孩。導演趕緊出來，帶頭的正是那位擦鞋童，他見到導演就雀躍地說：「這一群孩子的處境與我相同，我希望他們也都能得到意外的驚喜！」

沒想到一個貧困的孩子，如此大方無私。經過篩選後，在幾位合適者中，導演最後還是挑選了原先的擦鞋童成爲他電影中的角色。

這部電影，就是一九九八年成名至今的巴西電影《中央車站》，影片中有句名言：「善良無需考核。」誠實善良的擦鞋男孩，最終老天還是把幸福的機會留給了他。

自在心語

溫情遍滿人間，人人友善處處有愛。不論出身高低，自願幫助別人的過程中，自己就是聖賢，被關心與關心的雙方，內心充滿喜悅。原來追求幸福，是如此簡單。

第八十章

點心燈

每個人內心都有一盞明亮心燈，時時閃爍照亮著大地。

點燃心燈

二〇〇二年德國大水患，因河道狹小，沒有大江、大河疏濬，城市也依地勢而建，有些就建在河邊，因而造成百年來損失最大的水患。

當時慈濟聯絡處設在漢堡，在志工人數闕如下，需由英國志工前往協助。我也隨團抵漢堡，協助音樂會募款、募心活動，這是首次在德國舉辦的募愛活動。募得款項雖然不多，但現場感動無數德國人，激動場面交織在不同民族與信仰族群中，相同的則是一顆感恩的愛心。

此地華人以經營餐廳居多，團隊利用晚間十時後餐館打烊，邀請大家前來參與慈濟茶會，介紹志業狀況及推廣。經過彼此心得分享，對慈濟理念肯定與護持；餐廳雖打烊，新志工們心中一盞明亮心燈正閃爍著，在城市裡洋溢著活潑與希望。

人人都是一個小宇宙，在心靈的天空中閃爍著各式各樣的光芒。正是這種不滅的光，帶給人前進的動力，添加生活中的信心、毅力和勇氣；每個人身上都有寶貴的財富，那便是盛滿愛與善的大愛心燈，這盞燈看不見但是溫馨美好，急需用時它自然亮起來。

近年來北非掀起一連串戰火，造成百萬難民潮奔向歐洲，求得一線生機。首當其衝的約旦、土耳其，成為難民過境必經之地，流離失所的難民帶給當地政府財政負擔，兩地慈濟人義不容辭承擔起這分艱鉅任務。

其中還在學齡階段的青少年和兒童教育至關重要，慈濟土耳其負責人胡光中率領志工一起承擔。愛心人士提供校舍，慈濟人除定期關懷送上生活用品、零用金，還負責聘請教師等事務。難民在此僅是過渡，未來的目的地是歐洲先進國家，學習的課程需要認證，將來才受歐陸國家認可。

時間緊迫，當地教育當局與難民機構一時無法達成協議，所幸胡光中認識美國國際難民機構中一位愛心人士，他與歐盟教育單位常有互動，立刻把握契機，終於在這批難民兒童離開前批給許可認證。

心燈無處不在，就在每個人心中那一分眞誠與大愛，無時無刻將光芒照在需要的人心中，相互輝映。當災民點亮心中一盞明燈，體悟世間無常國土危脆，災難來臨，生命財產瞬間化爲烏有，唯有喚起人人敬天愛地的一分虔誠與恭敬，才能以善以愛化解災難。

自在心語

人人本有一盞皎潔明亮心燈，有待點亮。預防險惡來襲不被塵染，自己的心燈靠自己點亮，燈傳燈，燈燈相續，還可提燈照亮人間路，帶給更多人心靈光明，生活過得幸福美滿。

第六篇

總結心語

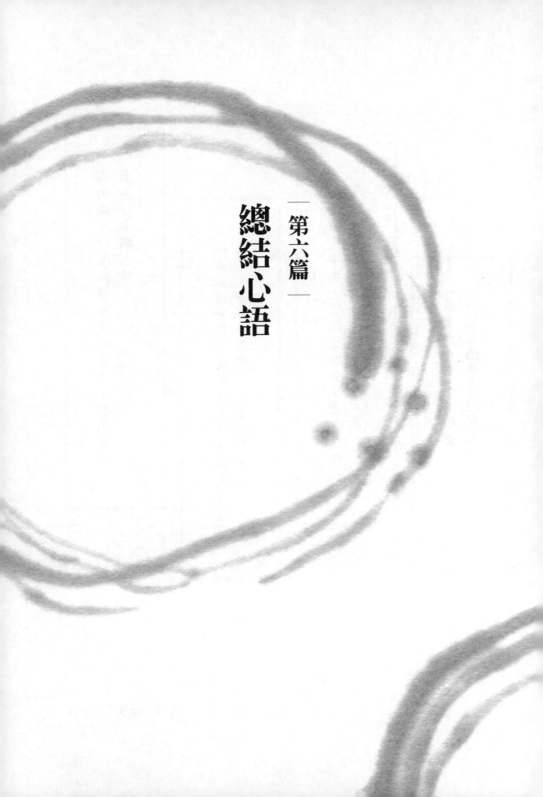

為生活不辭離鄉背井遷徙流離，都渴望追求美好幸福生活。

人人須有一份安定的工作，可以養家安定生活；事不分尊卑，正當就好。

友情彌足珍貴，它源自緣分，來自自我創造環境條件。

學習大自然，烏鴉也知反哺報親恩，不把遺憾留給摯愛的親人。

愛情需「陪伴」，真情的告白，大愛包容歲月不離，細水長流直到永遠。

主雇雙方各留分寸，如劈柴不傷柴板墊，留到來日還可利用。

婆媳關係易失調，相處之間需謹慎；隨著時代不同調整婆媳關係，化解矛盾。

敬親孝道是兒女本分事，以真誠心、關心、貼心、歡喜心侍奉父母，讓至親長輩生活無憂慮，直到終老。

父慈子，子孝親，相親相愛相扶持，每個家庭都該享有天經地義天倫樂。

享受是先辛苦、後得來的成就，先犧牲享受，後享受犧牲。

平時養成我不想氣人、人也不氣我的好習性，去除人我是非。

明白是非容易，停止談論是非難，對事理的評斷更難。人言可畏，是非應止於智者。

人生過程有變化，但必須作規畫，能安然度過不容易。

心定則信力堅固，反思生活，對錯誤的過往及時懺悔改正，自然安定無愧疚。

人活著要有信心，有信心才有希望，可以化渺小為偉大，化平庸為神奇。

寶珠有形，心中財富無形，從說話輕聲細語做起，內心自然生歡喜。

聖人向內心求，所得美德之名，雖然看不見，但很實在，這是「計利當計天下利，求名當求眾生名」。

喜、怒、哀、樂等等，是人類天生的感情，但人與人交往，卻有受益多寡與親疏關係，這都是私心所致。

凡人有一缺九，聖賢則將精神放在修心養性，做到自我反思，知足常樂。

倡導社會良善風氣人人有責，別將歪風當流行；提倡正當的風氣，是高雅文明途徑。

傳統習俗隨時代更迭，追隨高雅文明與時俱進，確保文明進步，入境需要隨俗。

人生有無常際遇，喜事相聚或患難相逢，都歡喜接受。

上進則勇敢承當，果敢則守住目標，包容則樂觀處事，歡喜則幽默迎人。人人做事勤快，做正確的事，就沒有過不去的路。

只有那些真正懂得人生的價值和意義的人，把生活當作責任、使命，如此才能勉勵自我，克服惰性。

世事不易看出微細虛假，唯有專心看清事實，毀譽成敗乃由自己決定；人群中，不評斷個人是非才是真實人生。

安居樂業清平致富，保持身心清淨，過著平淡生活，不再浪跡天涯。

一個有同理心、愛心、真心的人，具有無私、無我、純潔善良又高尚的情懷，因為善解、平等、誠實帶給別人歡喜，自己也感到快樂。

人事變化多，有人有事易生是非，人有愛心能信任，對事客觀。

回歸清淨本性，也要一步步提升，由迷轉悟，光明圓滿。

凡事充分準備勇往直前，朝向目標任務必達。怯弱膽小虛度光陰，浪費生命。

福禍吉凶是人自造業所得的結果，相信相命、卜卦、抽籤，不如自己轉命；心不迷失，當下以愛轉惡為善，轉禍為福。

為人應該當別人的貴人，不應得的利益不取，見義勇為視為職志；輕義之人永無貴人。

心理時時隨外境改變，容易失去自在本性。若能培養自尊，就能找回自我，不需要在乎別人的眼光。

生理四相都強調在心理反應，順應「自然法則」調整心理狀態，就能心安理得，對老、病、逝淡然無憂愁。

物種各有生存之道，隨「成、住、壞、空」四階段變異。故凡事本無得失，所以就不必計較。

成功必須歷經艱難困苦，失敗是毅力不足；汲取失敗經驗苦盡甘來，辛苦是幸福泉源。

時間看似抽象，能善加運用，微細物質可成為時代巨作；當晝夜不停更替向前行，把握剎那正確的人生觀，才不致虛度光陰。

虛空無盡頭，看不到摸不著，從無形無體的一度空間至無邊際方向，隱藏著無窮奧祕。

人緣必須自己創造，人際關係靠自己安排。建立良好關係，以無所求的心態去關懷、付出，因為低調才容易被接納，因為謙虛才被尊重。

得失視為兵家常事，以平常心態面對，就無所謂喜怒哀樂。

大空間裡人多事雜，熱心要有限度，愛心要用智慧，從平等心看事，以同理心待人。

堅強意志，是人生路上的精神支柱；是跨越橫逆坎坷的信念，歷經血淚交織才能逐步走向目標。

對人、事、物，心中總是懷著最真切的夢想、願望，期待理想中的成果能夠早日實現；但必須付出努力，用心耕耘，「希望」始終掌握在手中。

把老師的恩情牢記在心裡，就像是對待自己的父母那樣；立志報答國家社會，發揚傳統美德，這是對師長最好的回報。

我們的食、衣、住、行，是集眾人力量完成，來之不易，應視眾生皆為感恩對象。

蓮花，得意於水月清淳逸香，彰顯聖潔高雅的氣質。學習大自然，展現高風亮節，出淤泥而不染的風範。

行善是做人的本分事，歡喜心施捨是福報。

不實是虛，非真是偽，正人君子不口是心非，表裡始終如一；心虛則行為不端正，真相容易暴露。

尊重生命、保護生態，視同保護自己。

地質運動形成天然化合物，珍惜資源避免過度開發。

做人內方外圓，情、理、法兼顧，做事圓滿通達，兩者剛柔並濟。

愛護生靈，尊重所有生命是一個共同體。

創業守成不易，需經歷挑戰與折磨，信心、毅力造就了有心人。

人生無常快樂短暫，我執痛苦濁氣纏身，從生活中感受人生本是無常、無樂、無我、無淨，只是因緣會聚顯現在眼前。

緣分始終圍繞著生活當中，以歡喜心面對一切，忘卻哀、怒、怨、恨與得失，善念引領善緣，無處不在。

不需刻意去崇拜某人、某事或物，別人有成就應該讚歎，當作學習榜樣。

社區的安寧有待人人攜手同行，將美、善、愛匯聚帶動循環，讓家家戶戶祥和平安。

人心受到濁氣薰染，本來清淨者受感染轉為汙濁。挽回之道在於自省，唯有自己覺醒而後影響別人，才能拯救大地。

光能照耀黑暗，解除心中疑慮，天生具有仁、義、禮、智、信之心，正直心愈旺盛，人心愈善良，道業深廣，言談舉止恰如其分。

發願不打妄語，不誇大其辭，有可行性、有目標，讓一切有感應，瞬間得到祝福；即使在病痛生死關頭，發願將帶給心裡平和寧靜。

人人心中多諒解少疑慮，內心光明無瑕，
有信必能解一切疑惑。

盡責態度就是「大」，無私、無我、無相
便是「愛」。

心清淨，心境安然，不隨環境變化起伏；
身安逸不放縱，輕鬆無負擔，身心常在舒
適愉悅中。

用讚歎傳達美善，讚美可化解彼此疑慮，
拉近距離；還可提高士氣振奮人心，是建
構互信的橋梁。

現實生活裡放眼天下，今日安逸似紅花的風光，明天可能成為黃花謝滿地的困境，以此作為借鏡。

做事過於主觀，行事曲折難安，缺乏辨別能力，總在黑暗中摸索，進退無路。

信仰是一種期待亦是渴望，領導者需展現智慧、品德，用愛帶給人類心靈安詳、免於恐怖，讓心靈富足，群體平安幸福。

心寧靜，在寒冬也感到溫暖；心煩亂時，寒冬也覺得燠熱難耐。動中不急，從容而不迫。

人不能離開人群，心寂靜，但身要與人互動。

除去舊習性，猶如樹幹需要修枝剪葉。

世上最寶貴的財富不在遠處，就在心靈之中，肯伸出援手助人，達到心與行平等。

世間凡夫，愚癡、貪欲煩惱是非多，只為了微小的名利，丟失自己的智慧與生命。

保持心靜容易辨別是非。

慈悲為懷，濟世救人，是人類普世價值。一般人可以隨分施捨給需要的人，對弱勢者多一點關懷。

智慧是理事圓融根本，智者淡泊名利，故能隨遇而安，不追求物欲，過簡約生活，自在無憂。

未來希望有良好因緣，先要廣結當下善緣。

人的命運隨時更動，端正心念，盡人事、聽天命，命運總是掌握在自己的手中。

忠心厚道樂善好施者，好名聲眾望所歸，能啟發別人，是福德智慧的好榜樣。

平安建立在信任、和平、友愛、真誠的基礎上，不是口號，而是蘊藏心中對人類平等、自由、安定的渴望。

快樂是幸福的基礎，簡樸生活量入為出，樂道助人，無憂無慮才是福中之福。

人人本有一盞皎潔明亮心燈，要靠自己點亮，燈傳燈，燈燈相續，還可提燈照亮人間路，帶給更多人心靈光明，生活過得幸福美滿。

人文系列　027

幸福路上

作　　者／黃丁霖
發 行 人／王端正
總 編 輯／王志宏
叢書主編／蔡文村
特約編輯／吟詩賦
叢書編輯／何祺婷
美術指導／邱宇陞
美術編輯／林家琪
內頁排版／極翔企業有限公司
出 版 者／經典雜誌
　　　　　財團法人慈濟傳播人文志業基金會
地　　址／台北市北投區立德路二號
電　　話／ 02-2898-9991
劃撥帳號／ 19924552
戶　　名／經典雜誌
製版印刷／禹利電子分色有限公司
經 銷 商／聯合發行股份有限公司
地　　址／新北市新店區寶橋路 235 巷 6 弄 6 號 2 樓
電　　話／ 02-2917-8022
出版日期／ 2019 年 3 月初版
定　　價／新台幣 280 元

ISBN 978-986-97169-2-5(平裝)
Printed in Taiwan

國家圖書館出版品預行編目 (CIP) 資料

幸福路上 / 黃丁霖著 . -- 初版 . -- 臺北市 : 經典雜誌 , 慈濟傳播人文志業基金會 , 2019.03　368 面 ; １５＊２１公分
ISBN 978-986-97169-2-5(平裝) 1. 人生哲學 2. 修身
191.9　　108002138

[經典]
HUMANITY
[人文]